Paulina Stulin

Bei mir zuhause

JAJA VERLAG

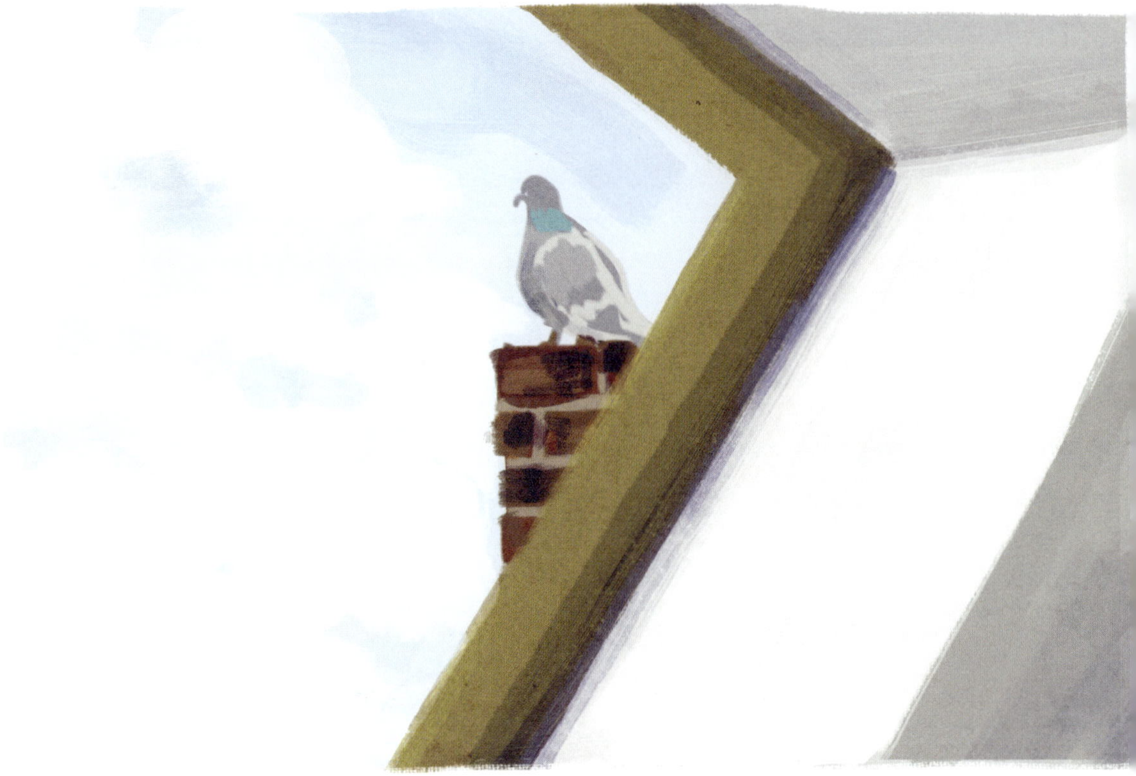

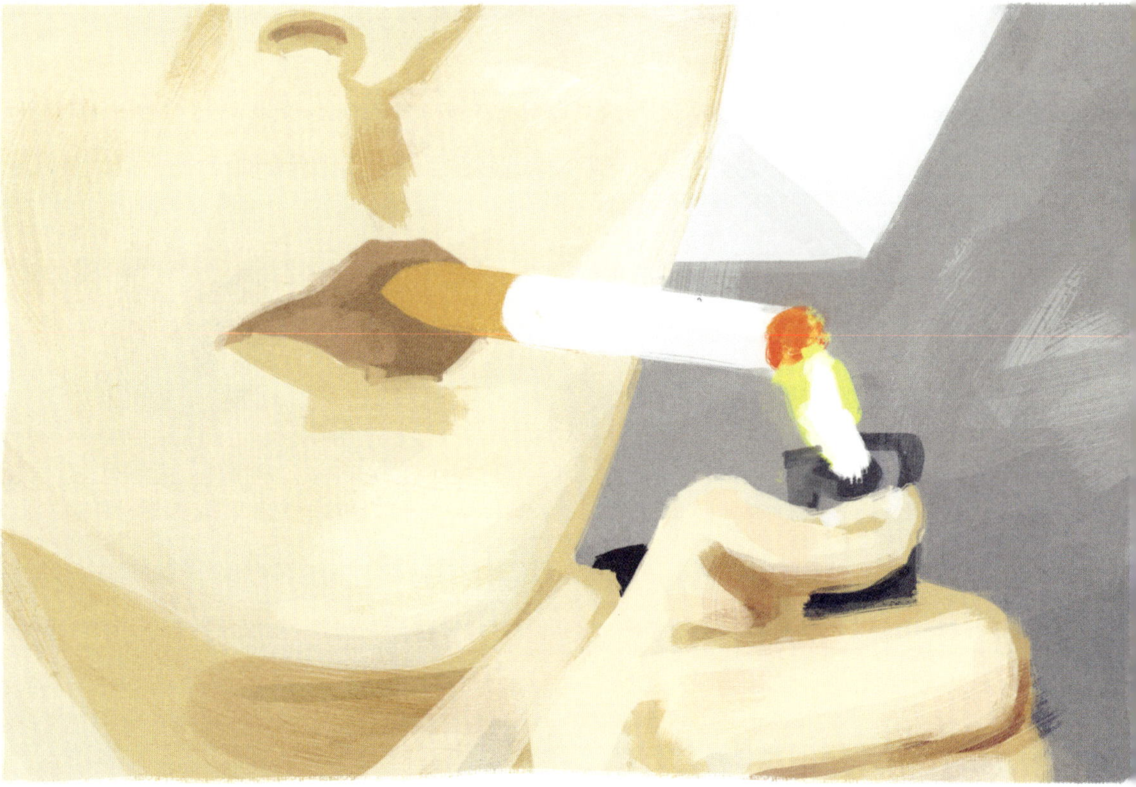

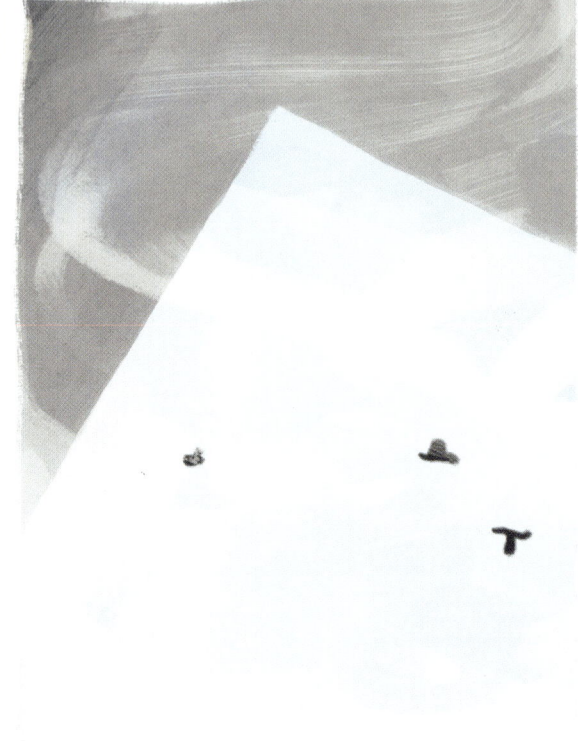

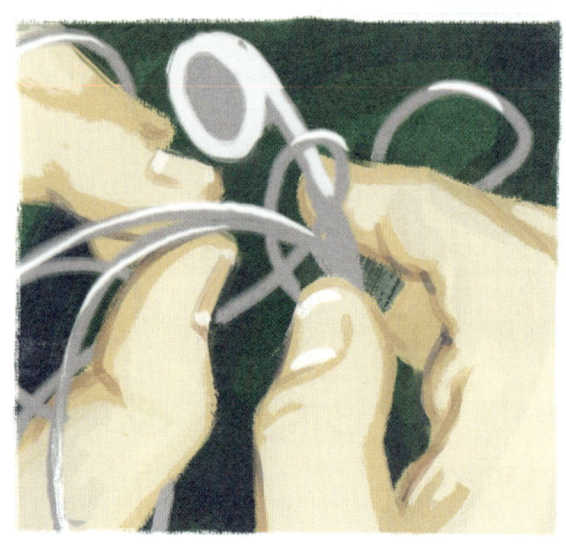

DONG DONG

DREIZEHN JAHRE WOHNE ICH NUN SCHON HIER.

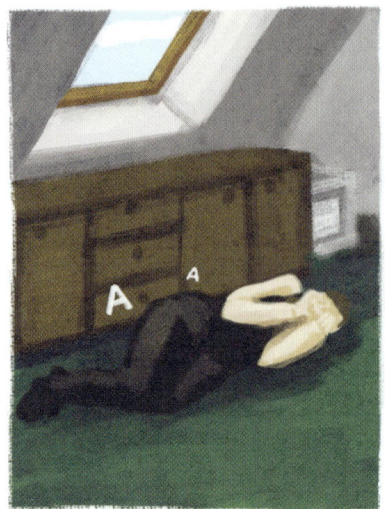

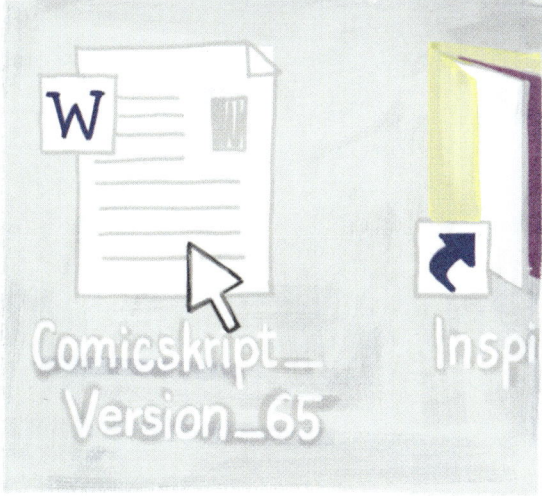

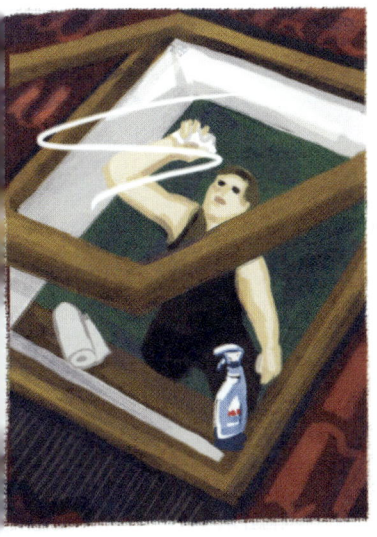

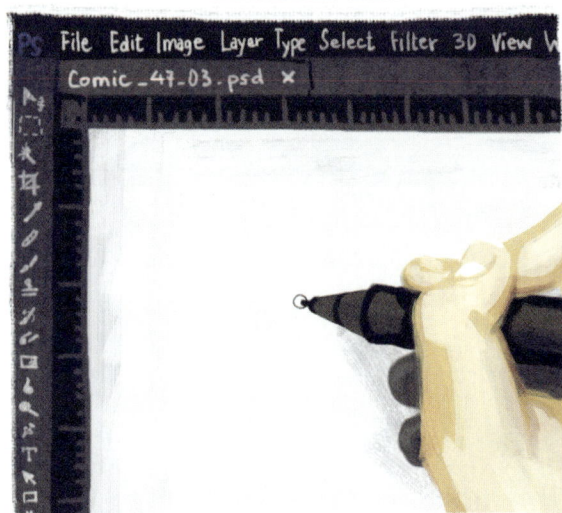

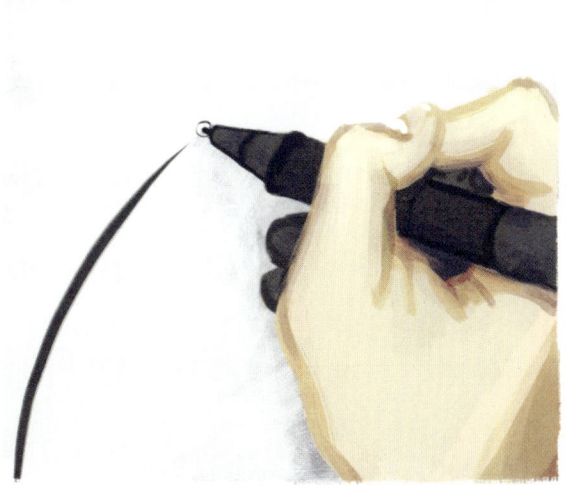

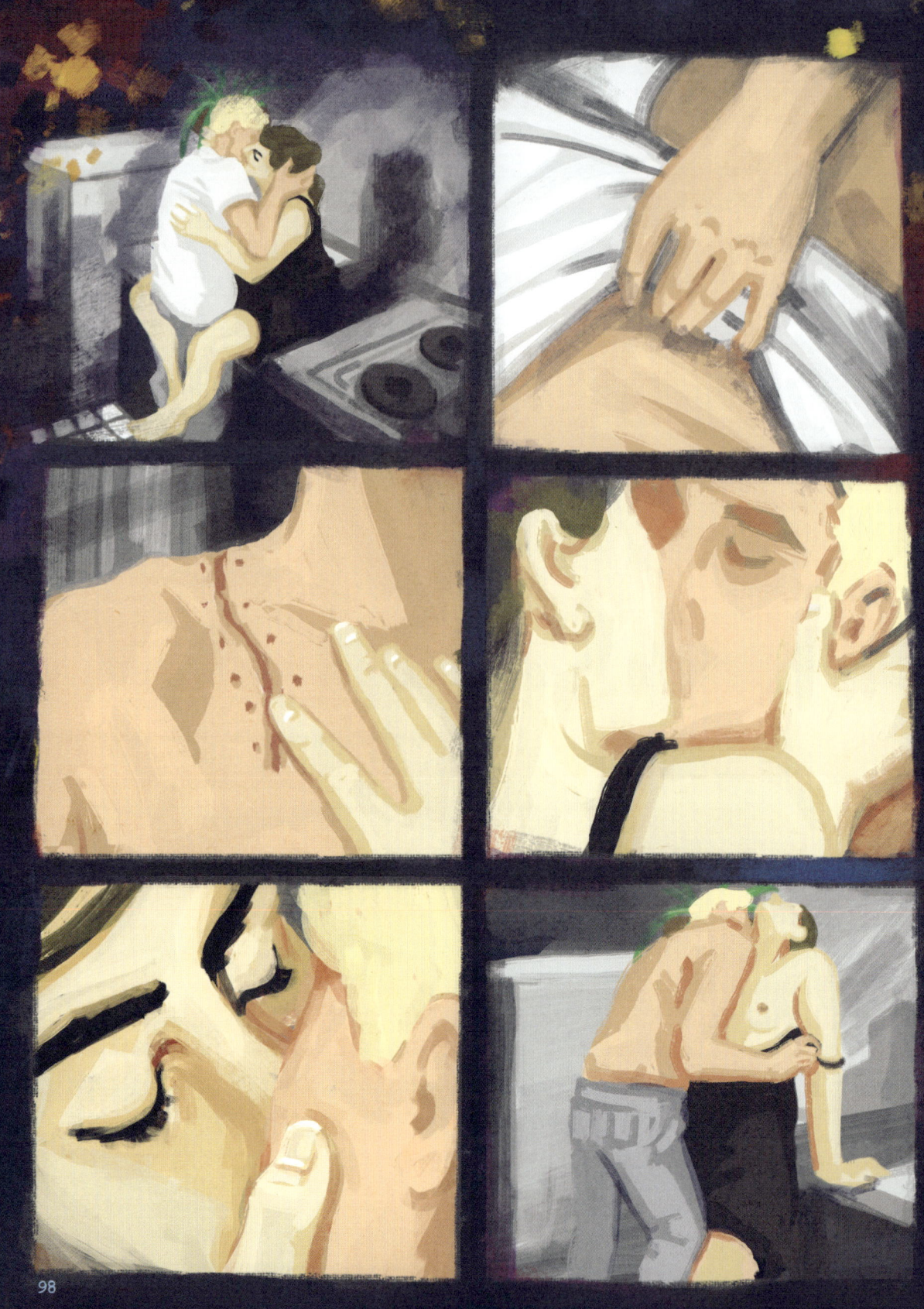

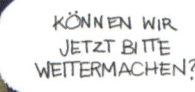

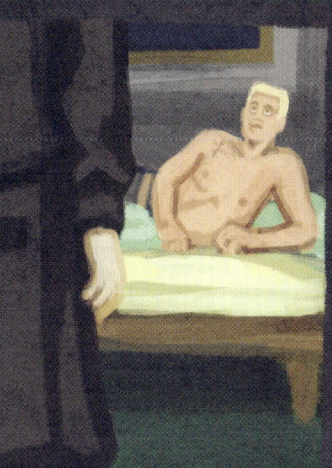

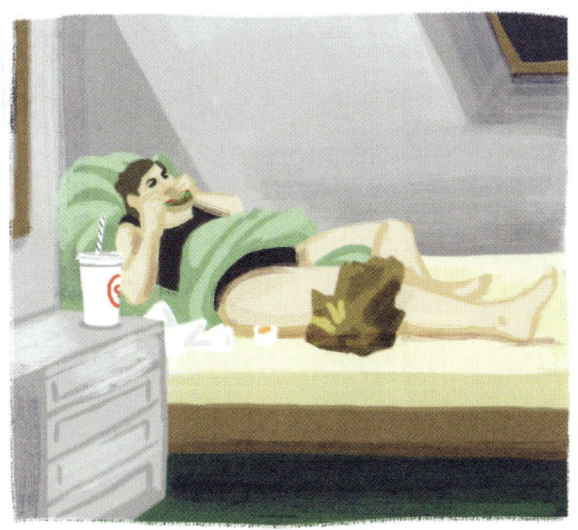

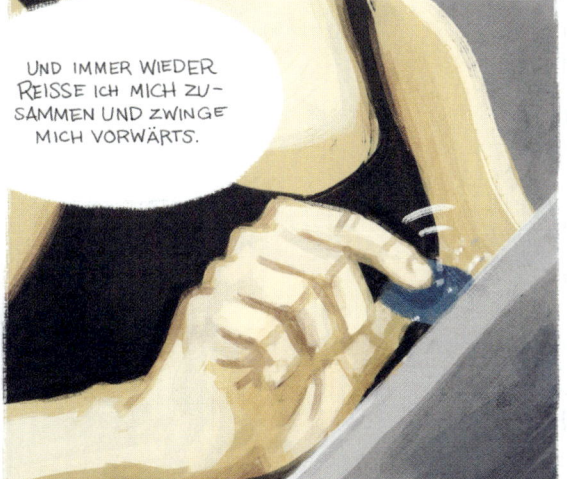

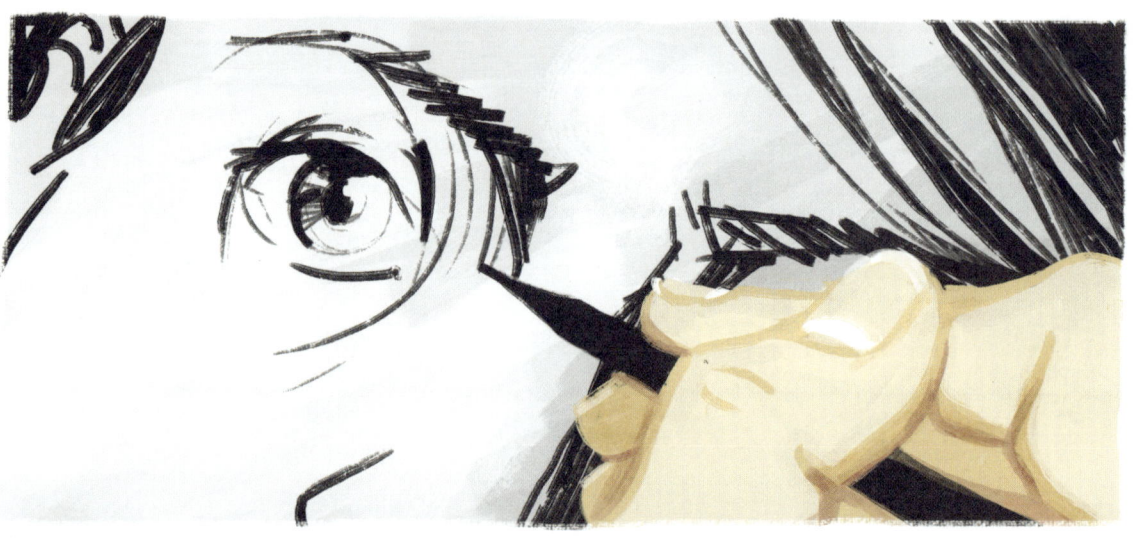

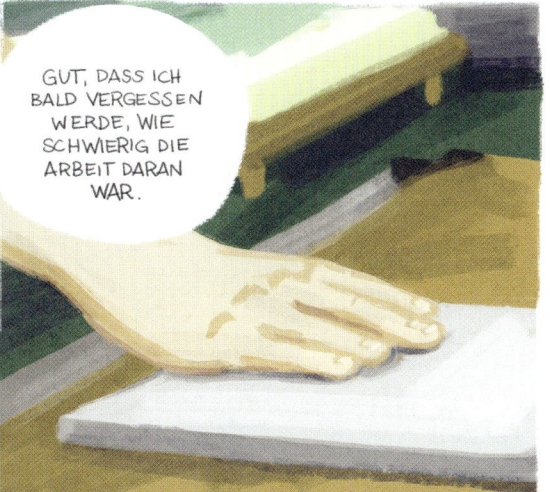

GUT, DASS ICH BALD VERGESSEN WERDE, WIE SCHWIERIG DIE ARBEIT DARAN WAR.

SONST WÜRDE ICH MIR DIE PLACKEREI KEIN WEITERES MAL ANTUN.

VIELLEICHT GEHT ES MÜTTERN ÄHNLICH, BEI DENEN NACH DER GEBURT DIE ERINNERUNG AN ALL DAS VORANGEGANGENE LEID VERPUFFT UND DIE NUR DANK DIESER AMNESIE IN DER LAGE SIND, WEITERE KINDER ZU BEKOMMEN.

ODER BIN ICH AM END' SO BESCHEUERT UND GENIESSE DAS GANZE LEID INSGEHEIM?

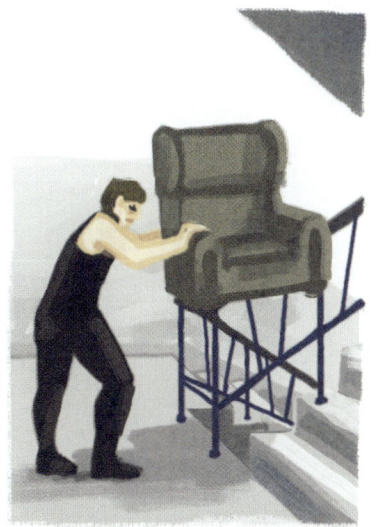

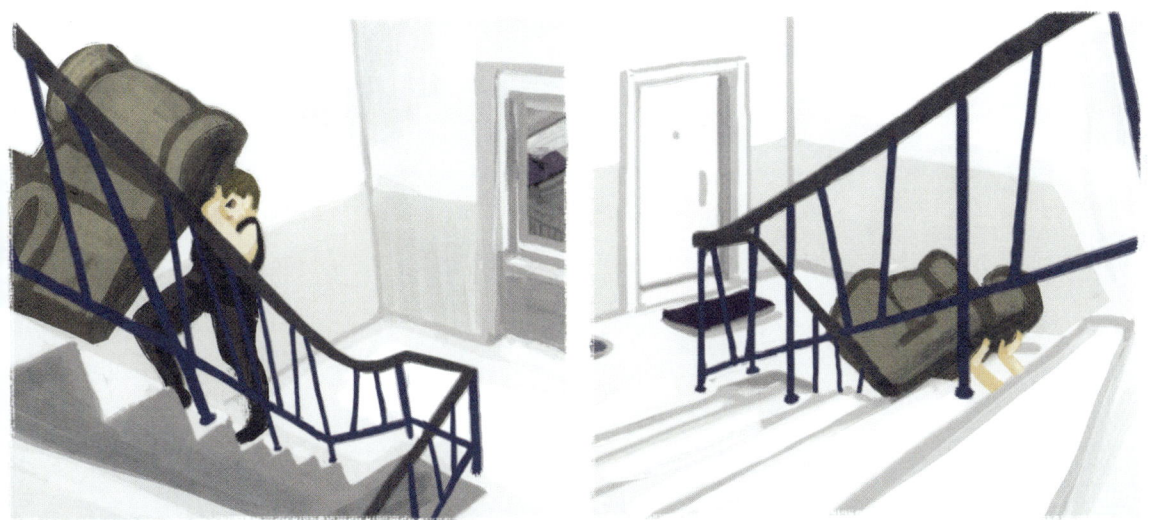

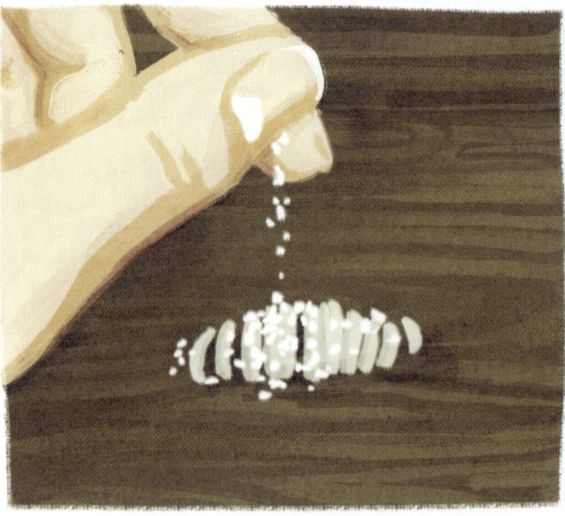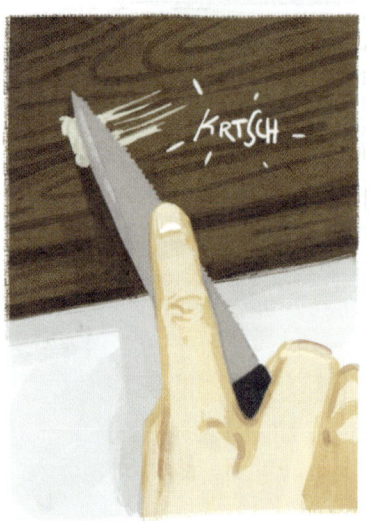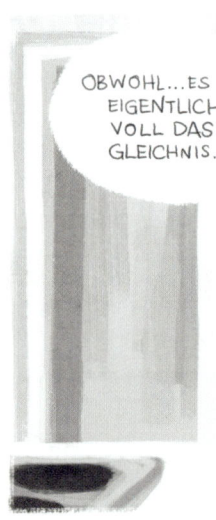

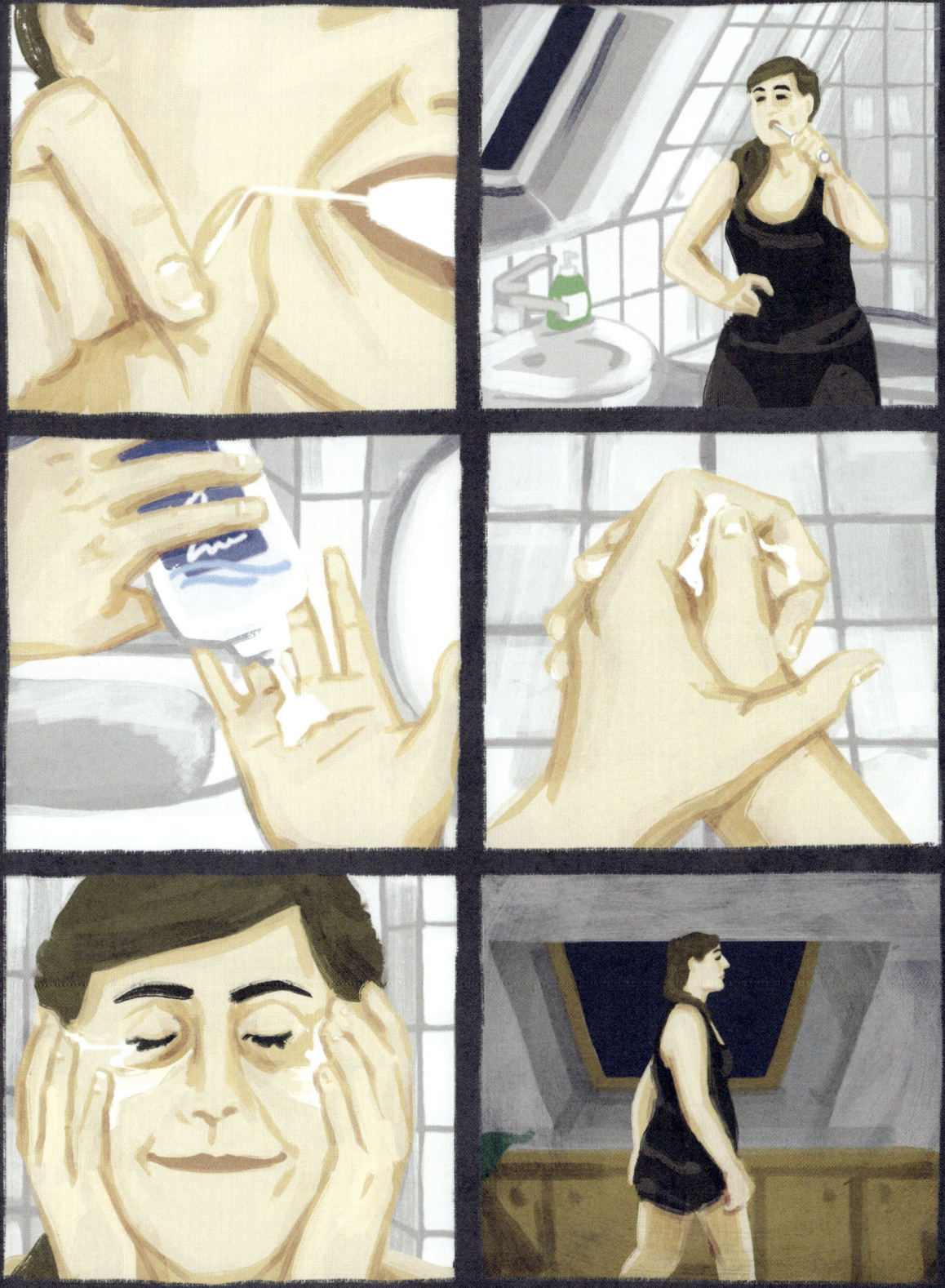

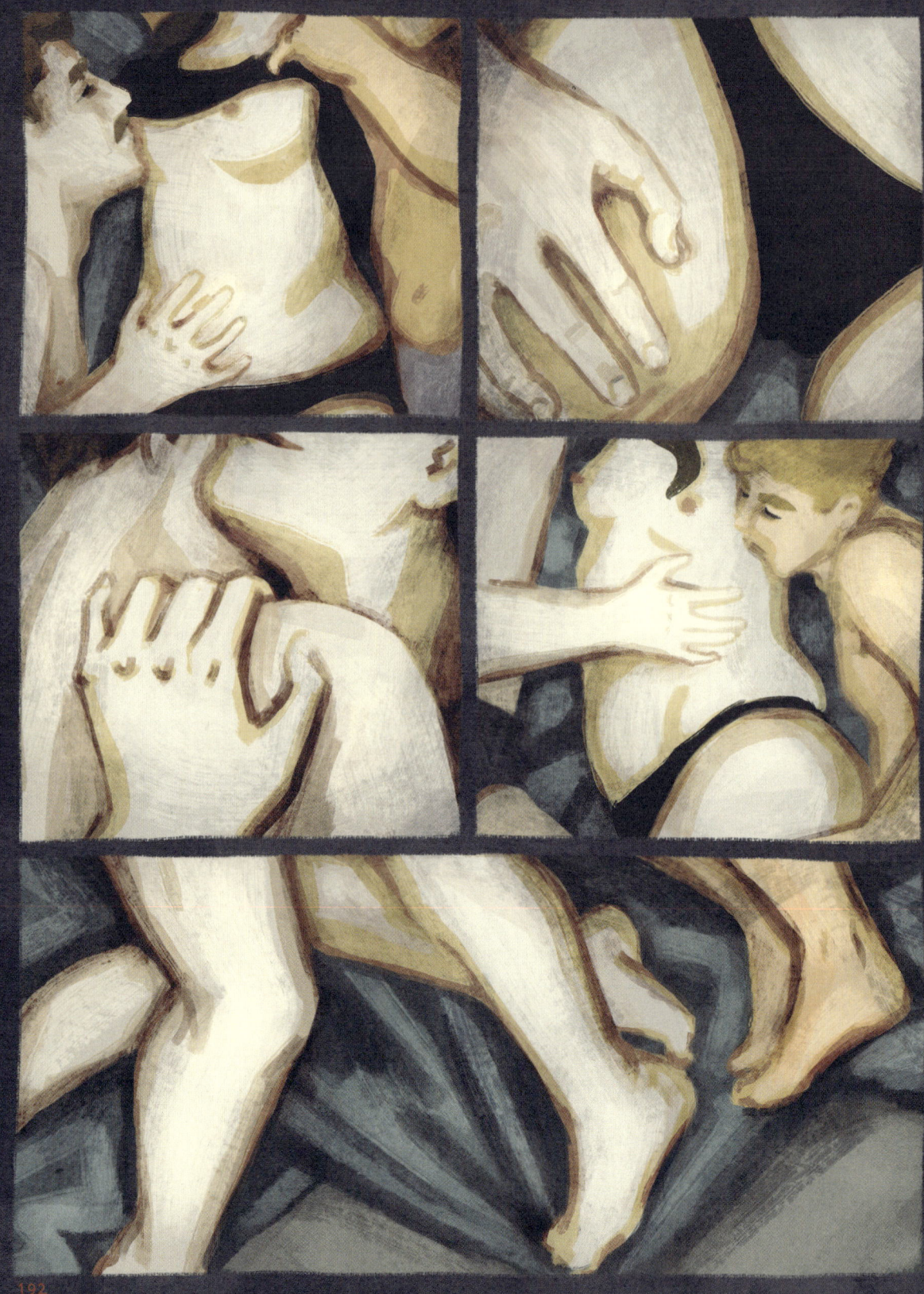

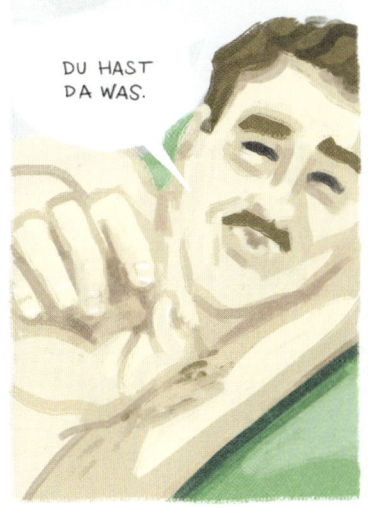

UND HÖR MAL, JETZT KOMMT DIE GEILSTE LINE:

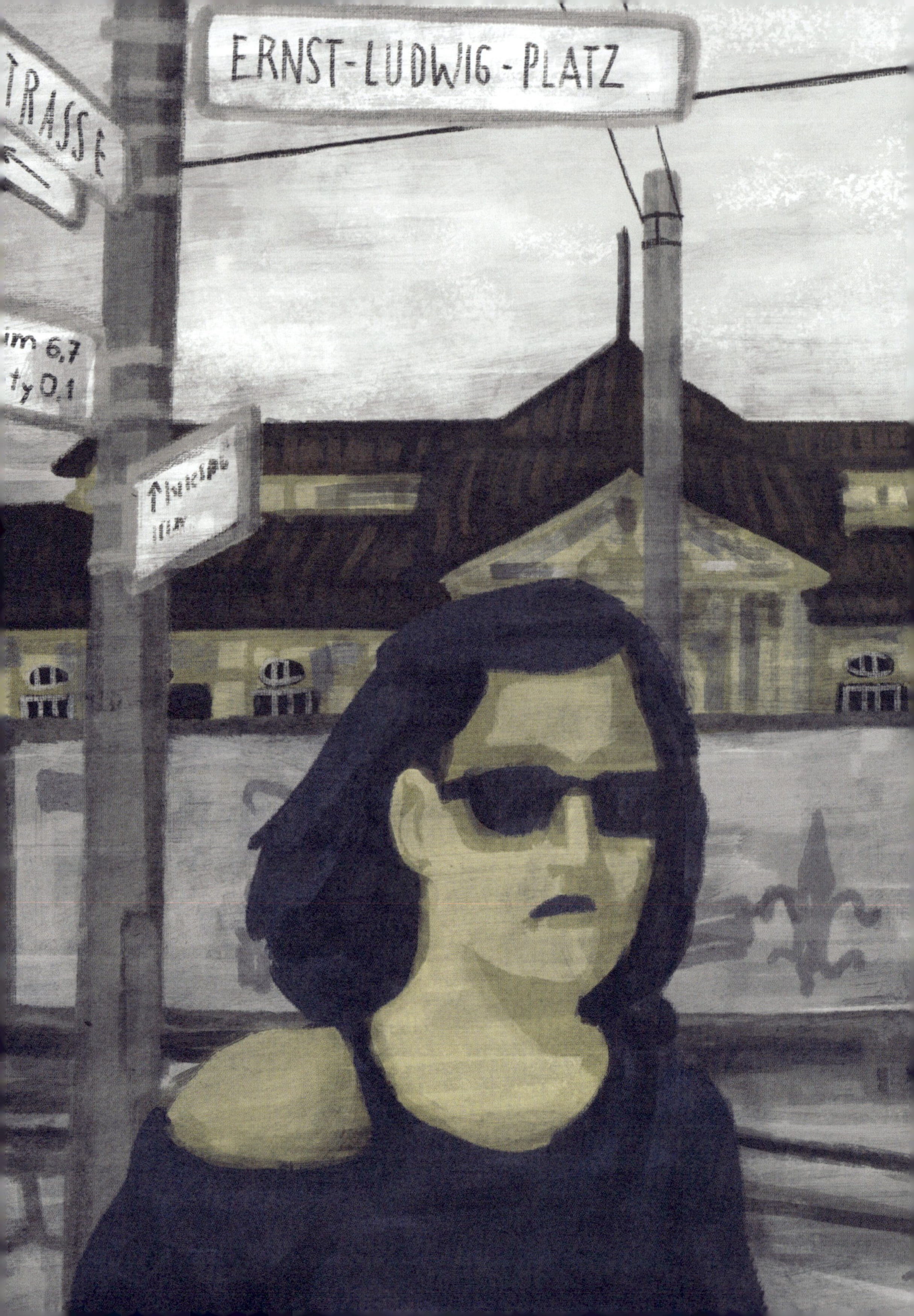
ERNST-LUDWIG-PLATZ
TRASSE

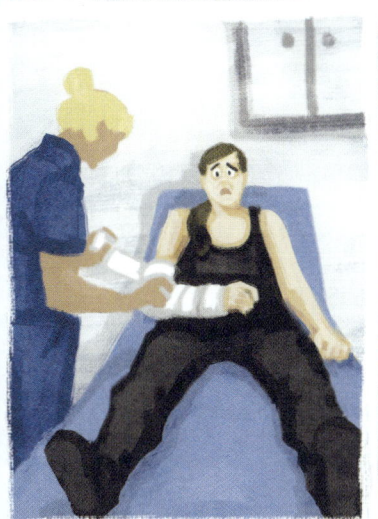

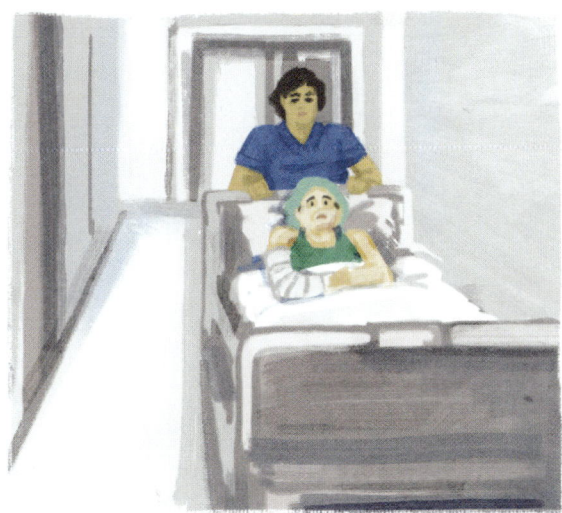

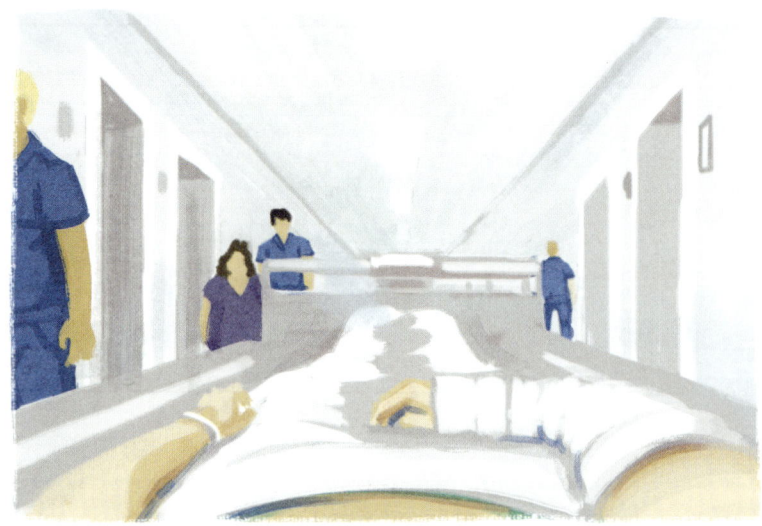

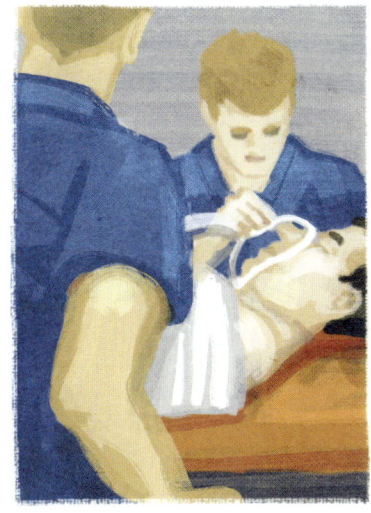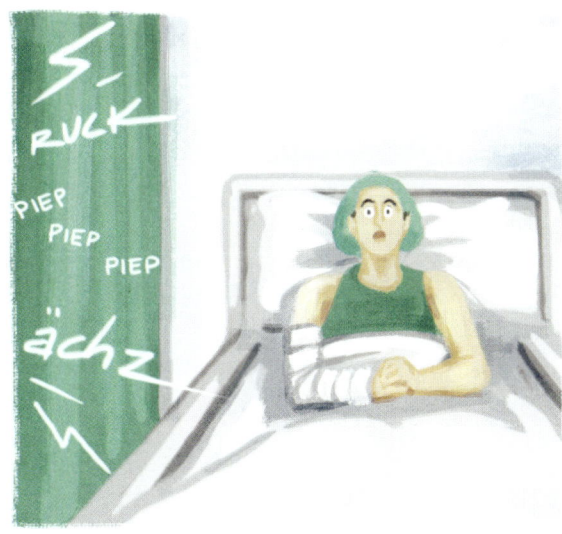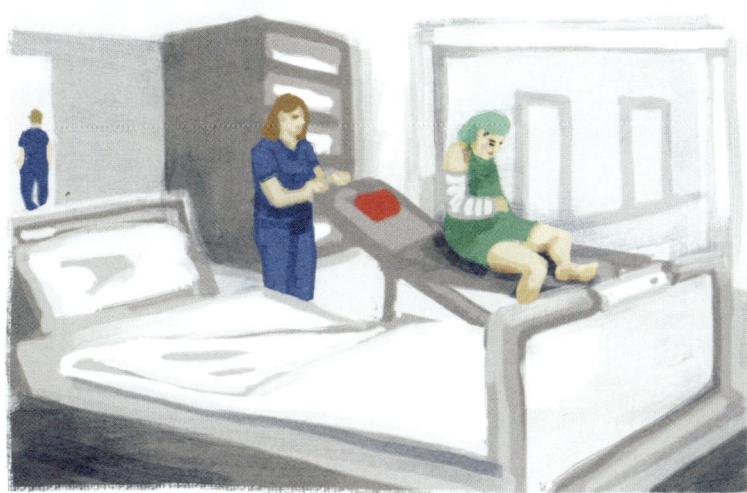

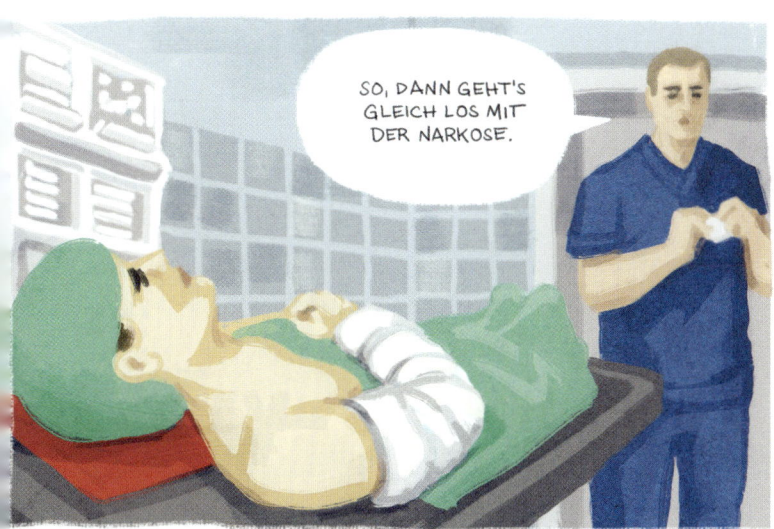

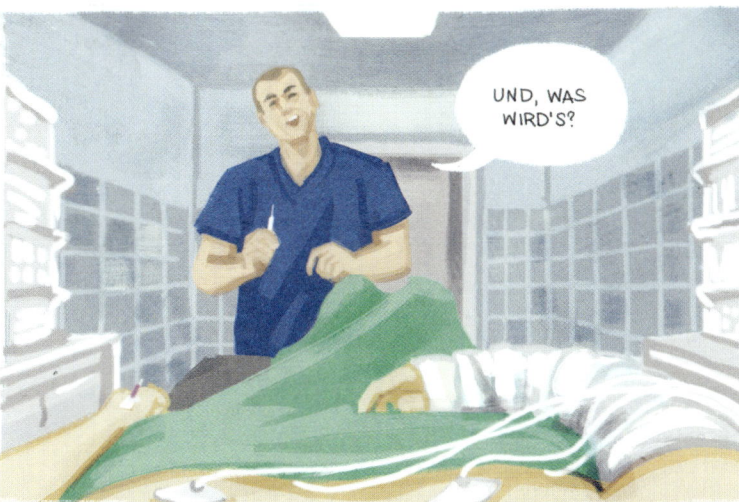
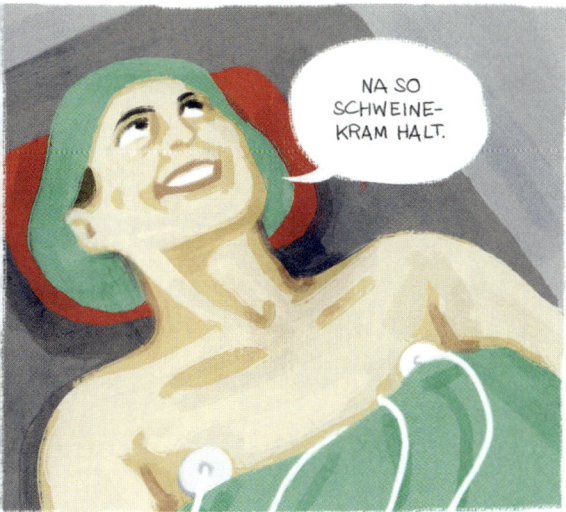

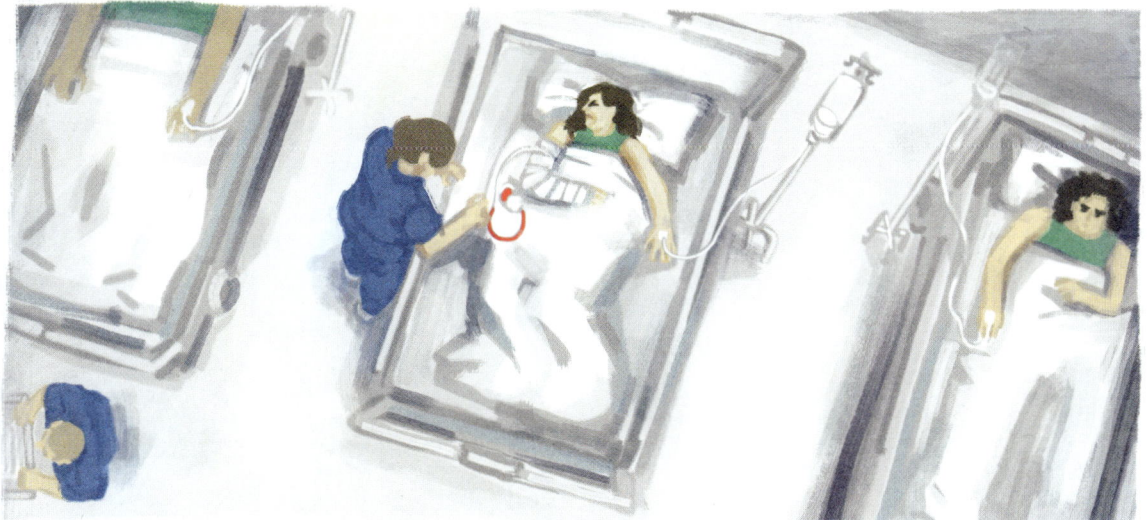

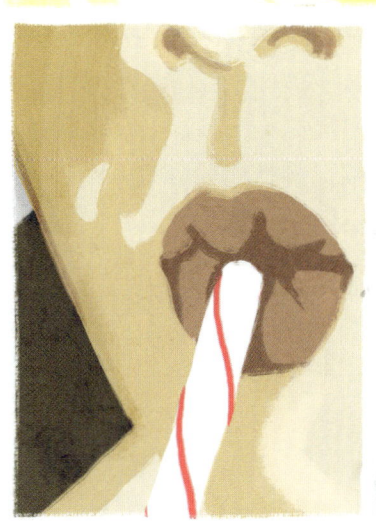

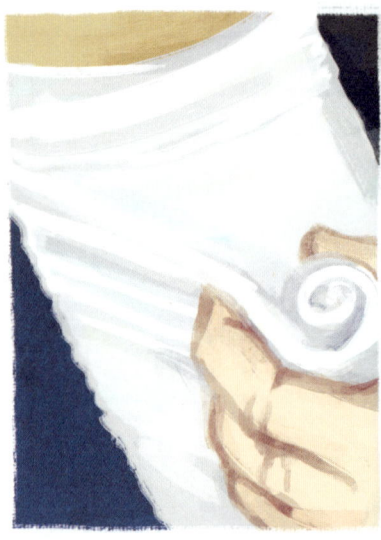

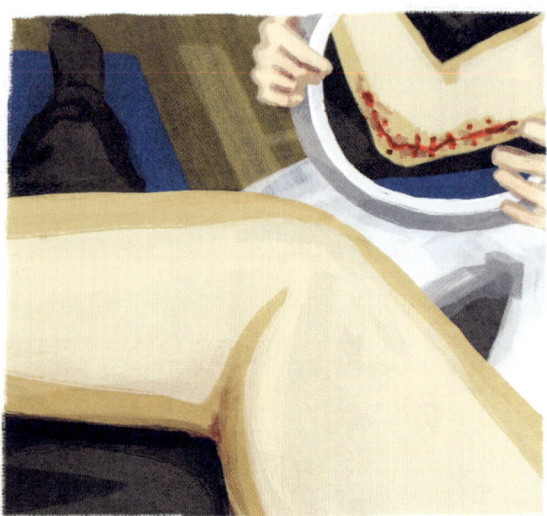

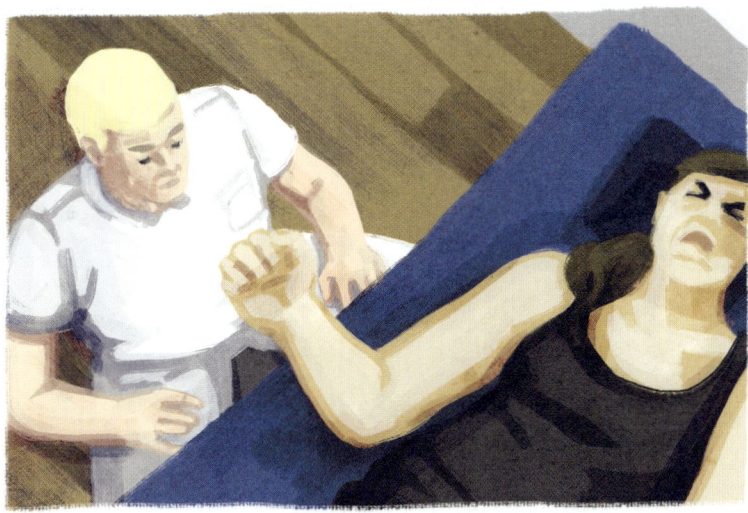

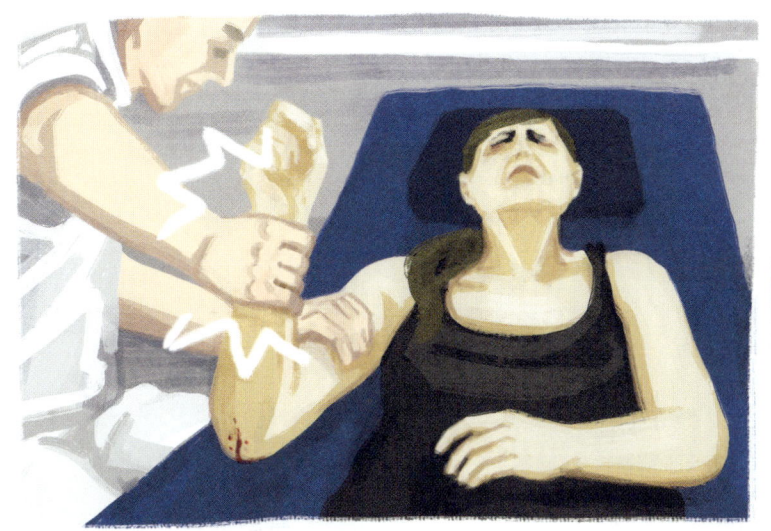

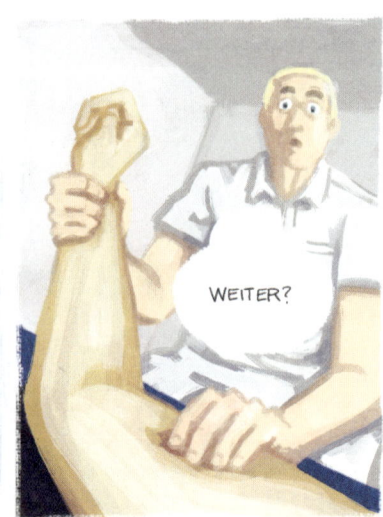

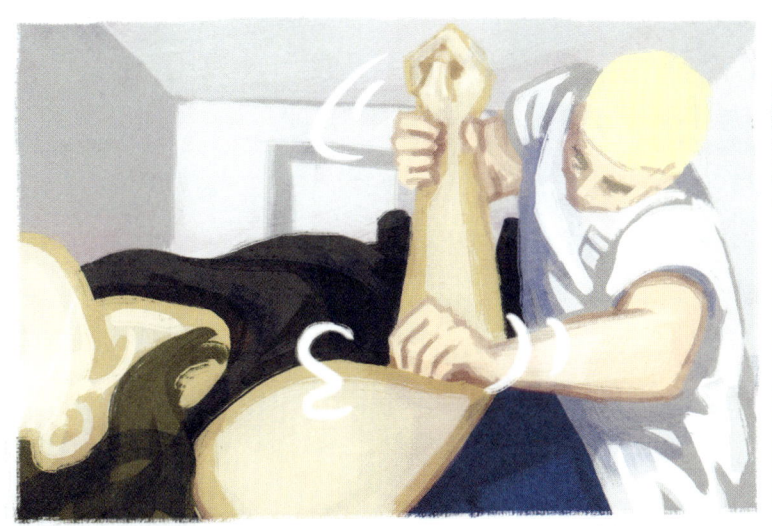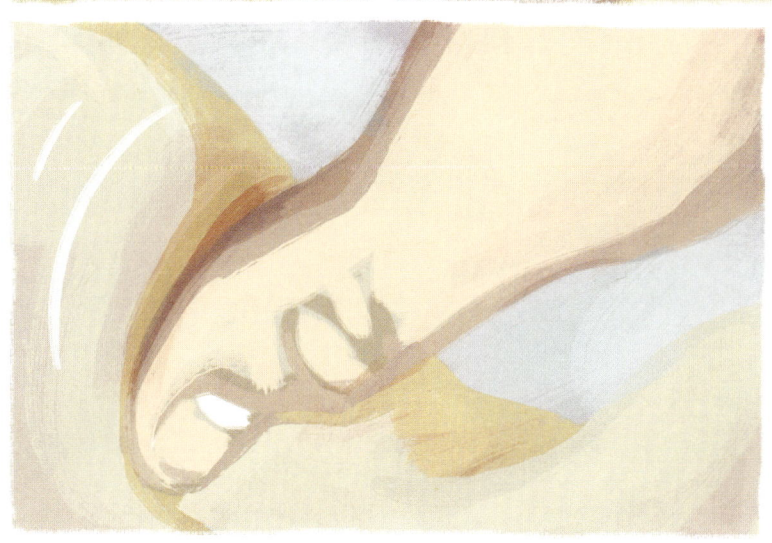

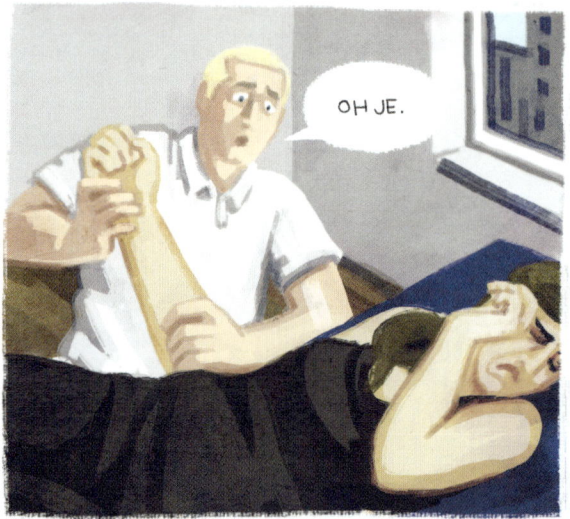

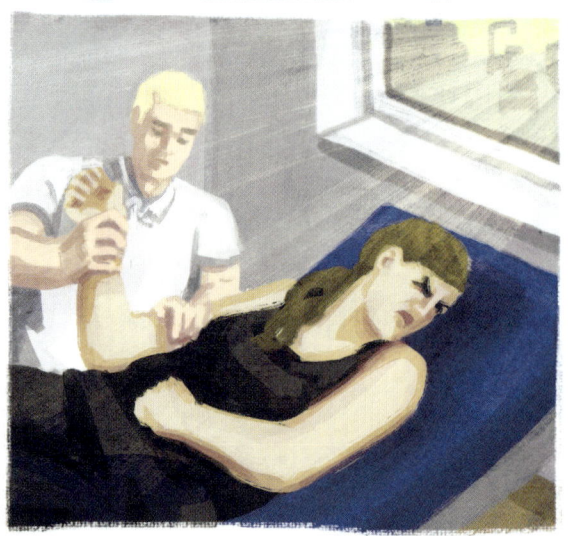

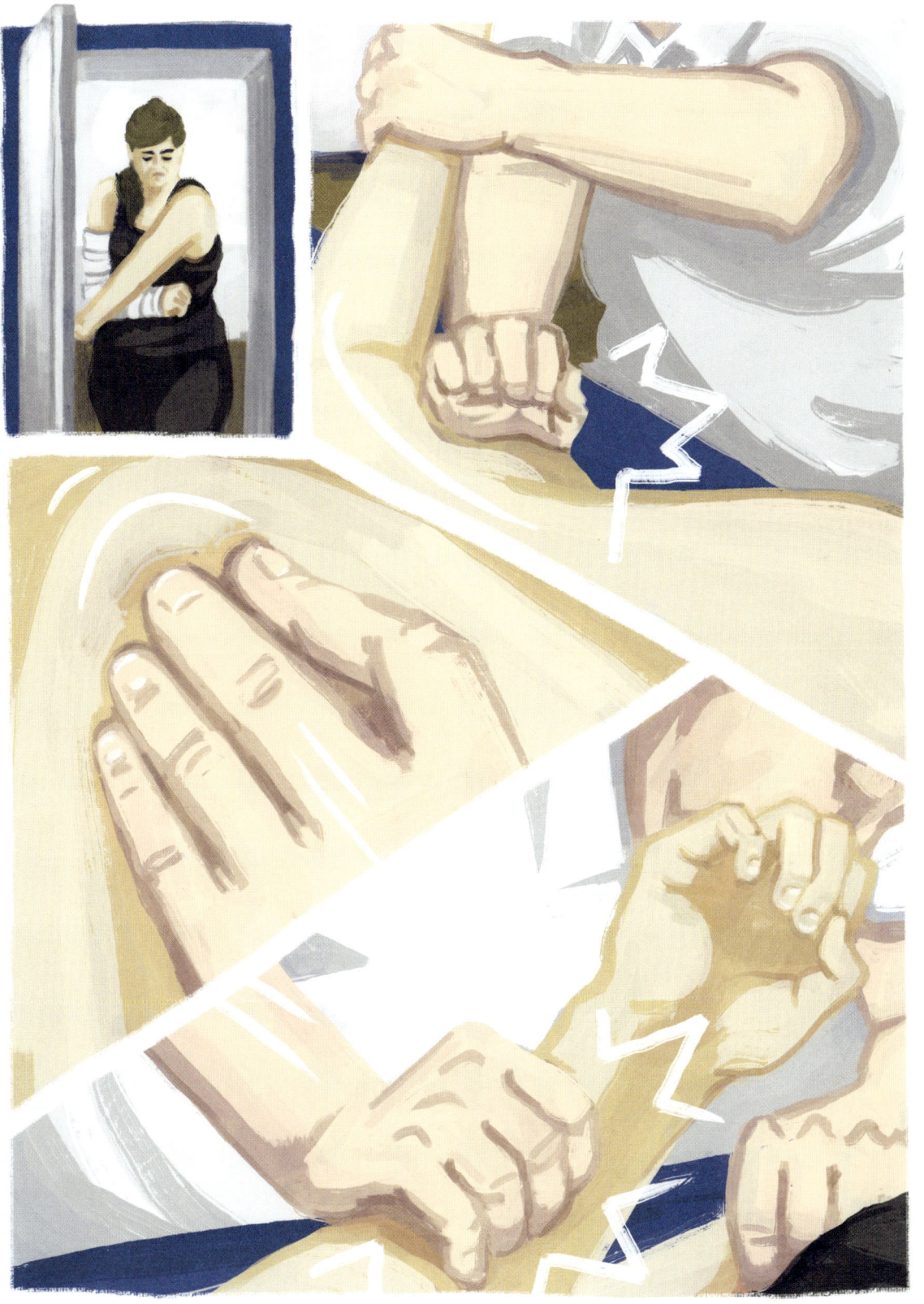

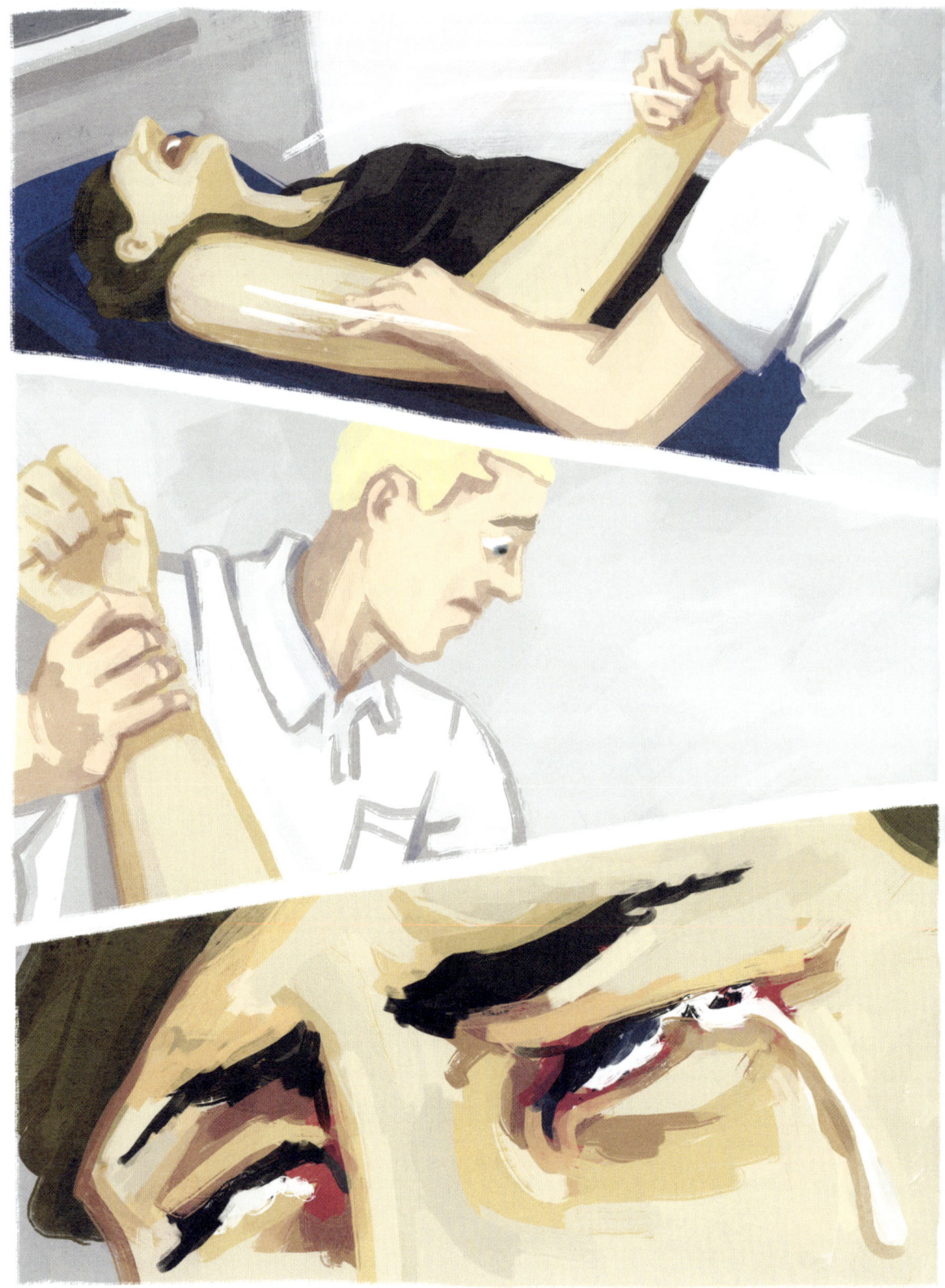

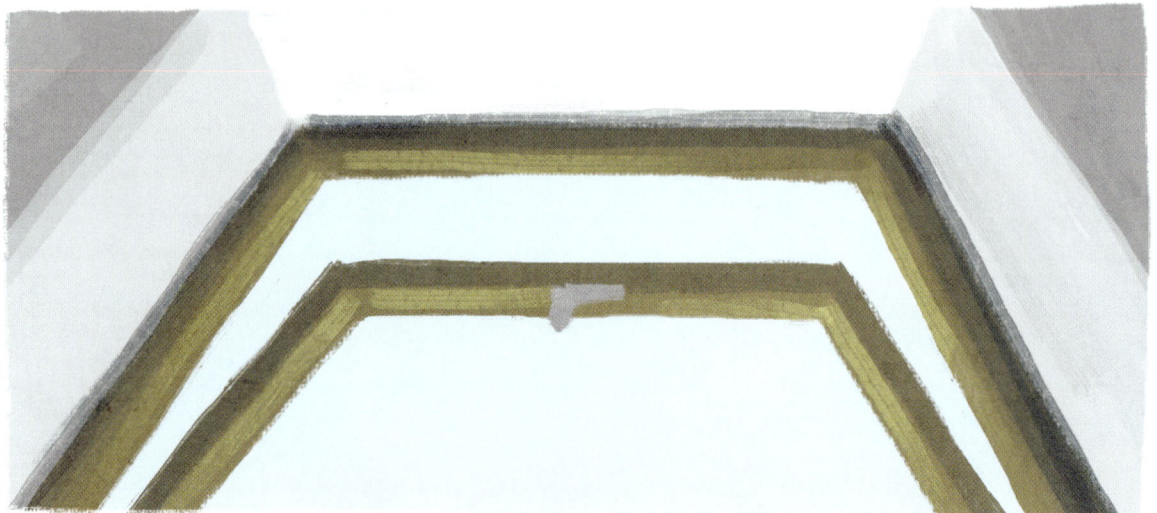

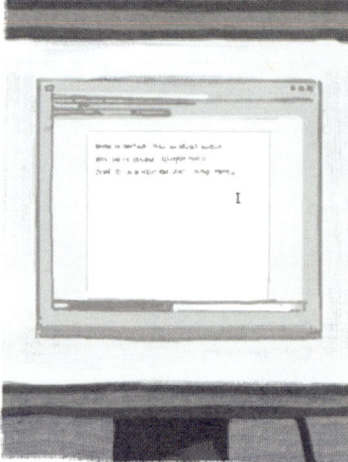

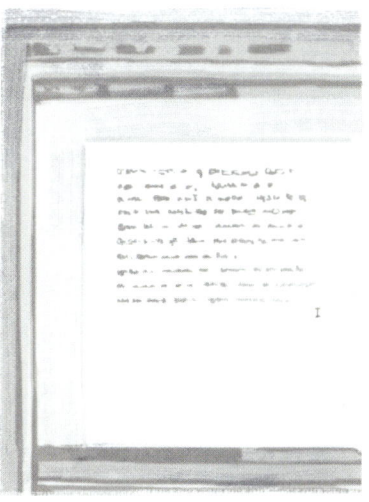

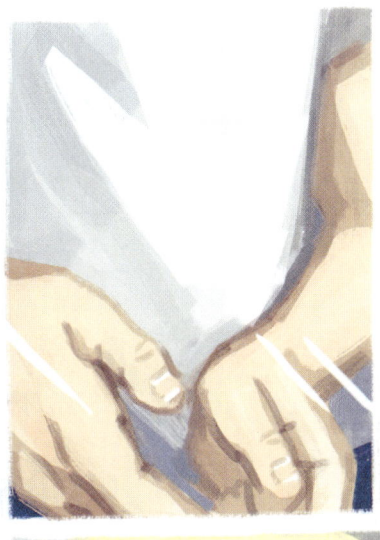

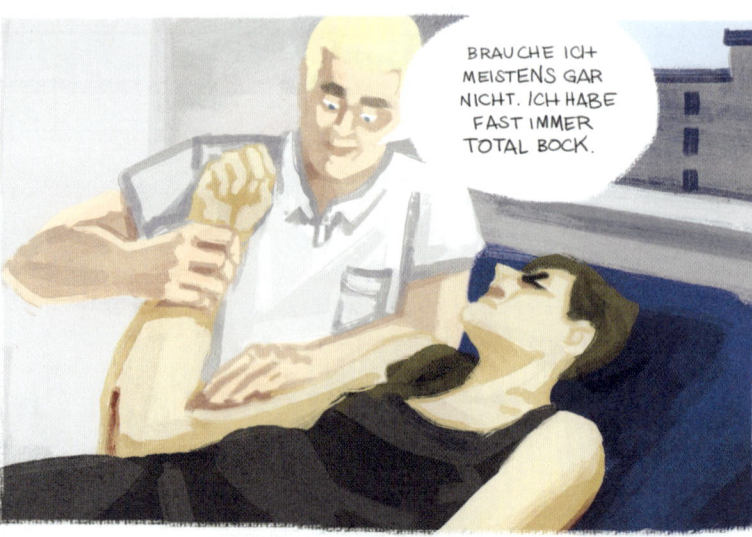

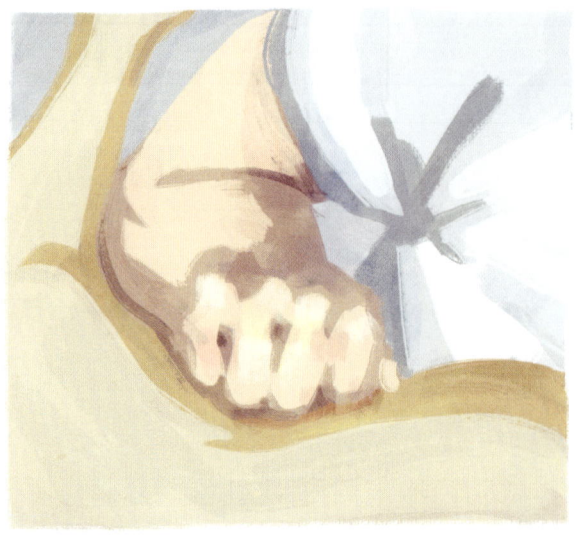
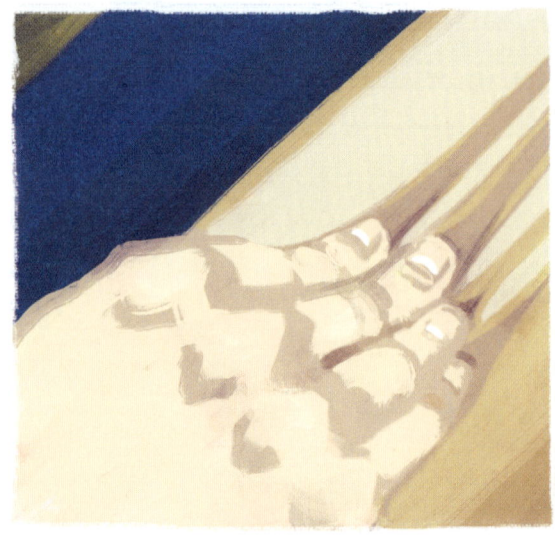

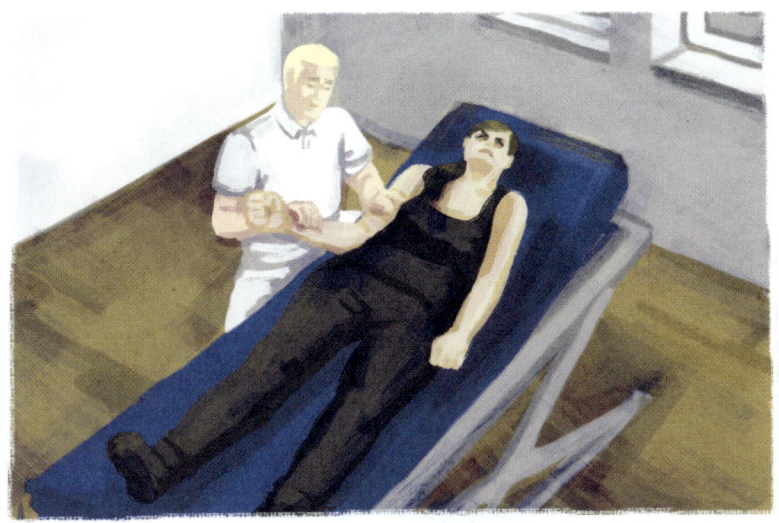

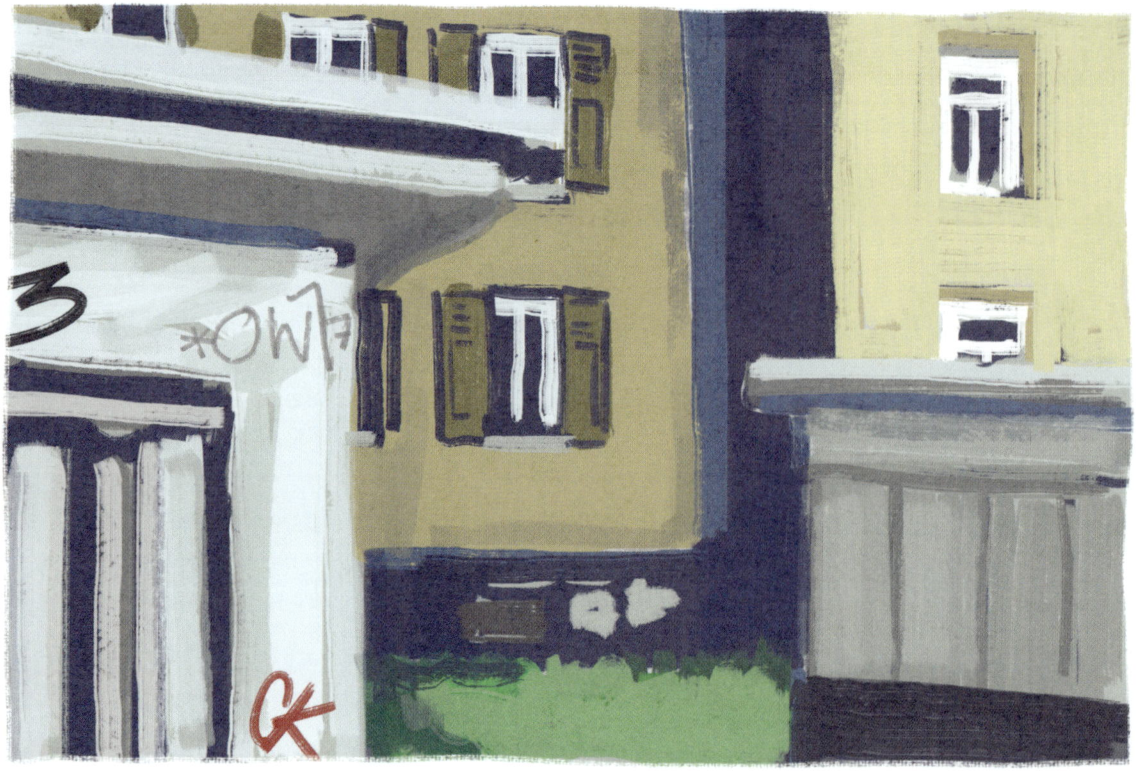

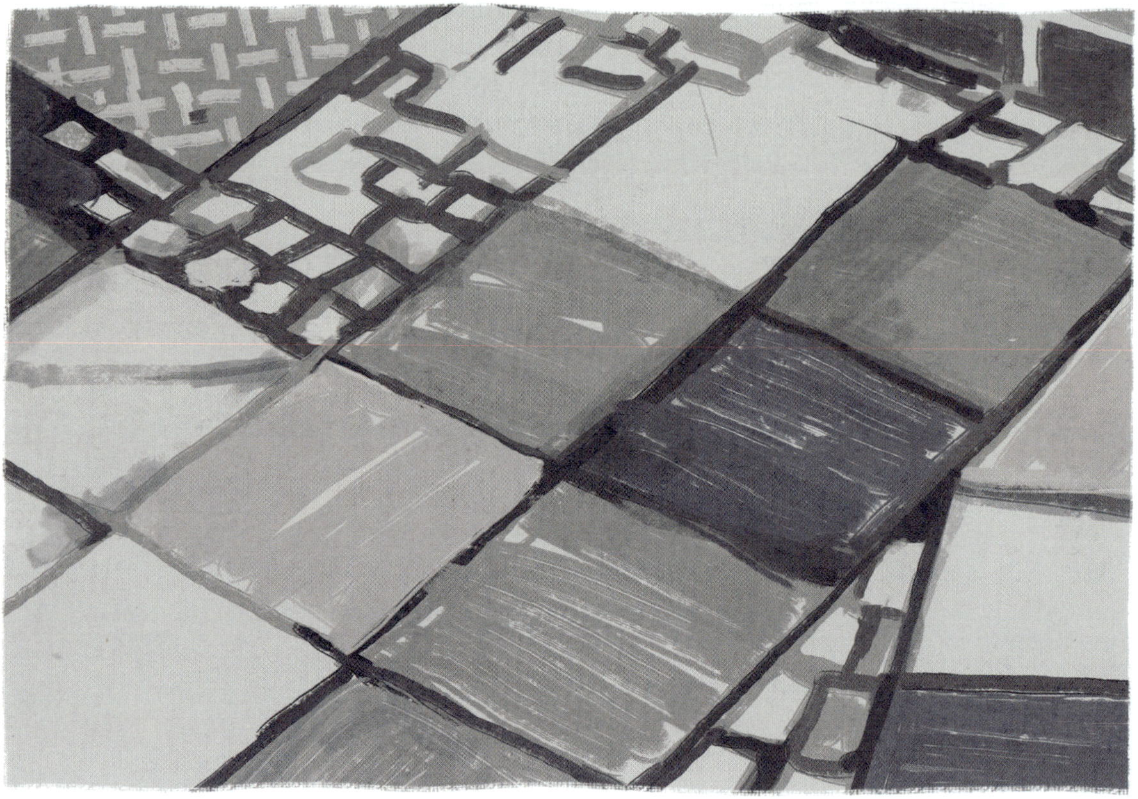

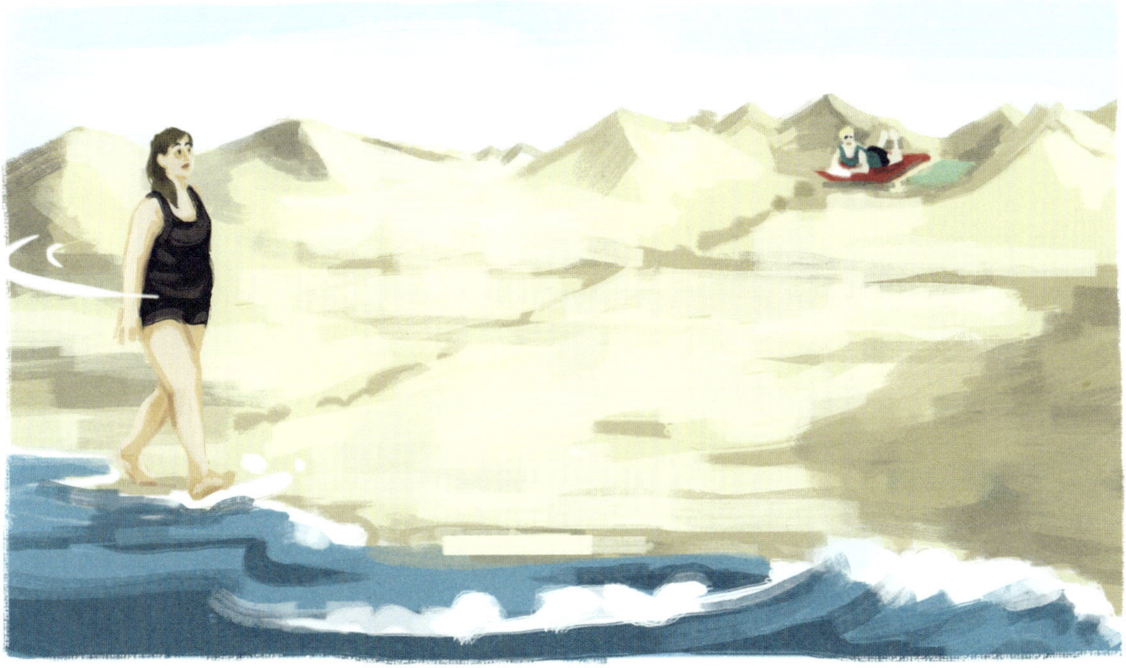

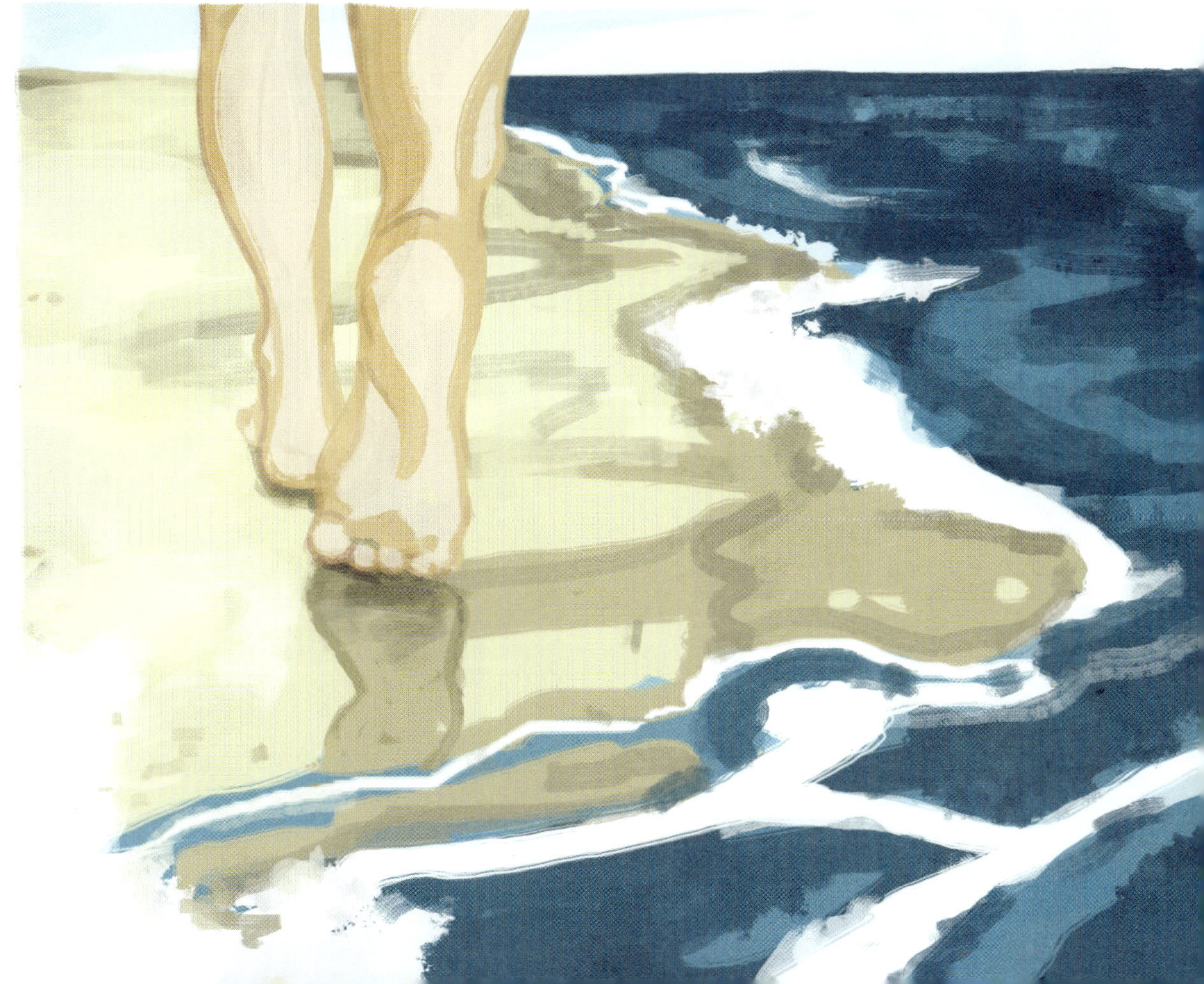

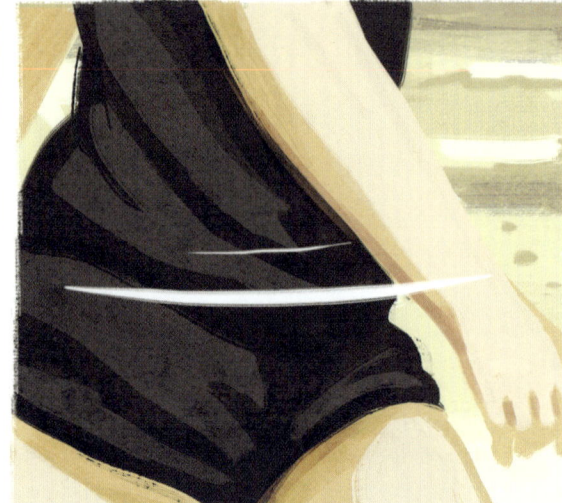

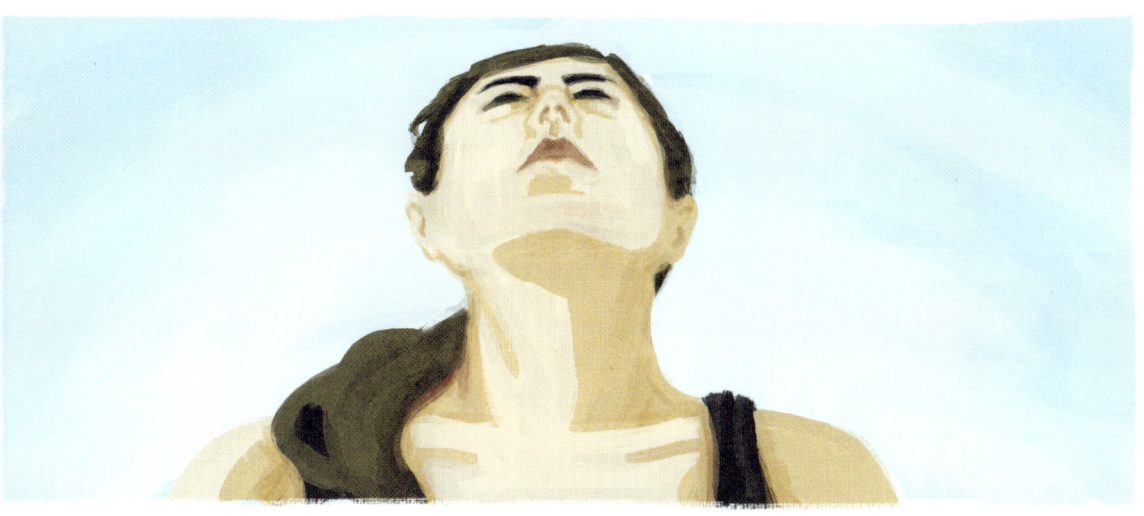

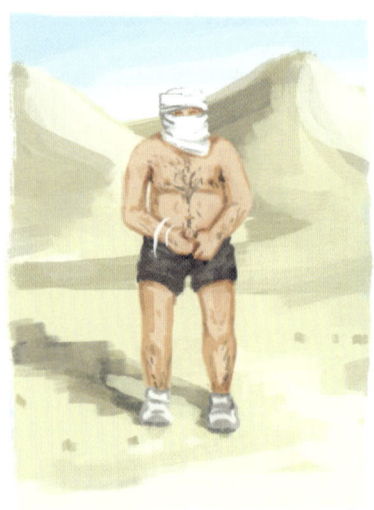

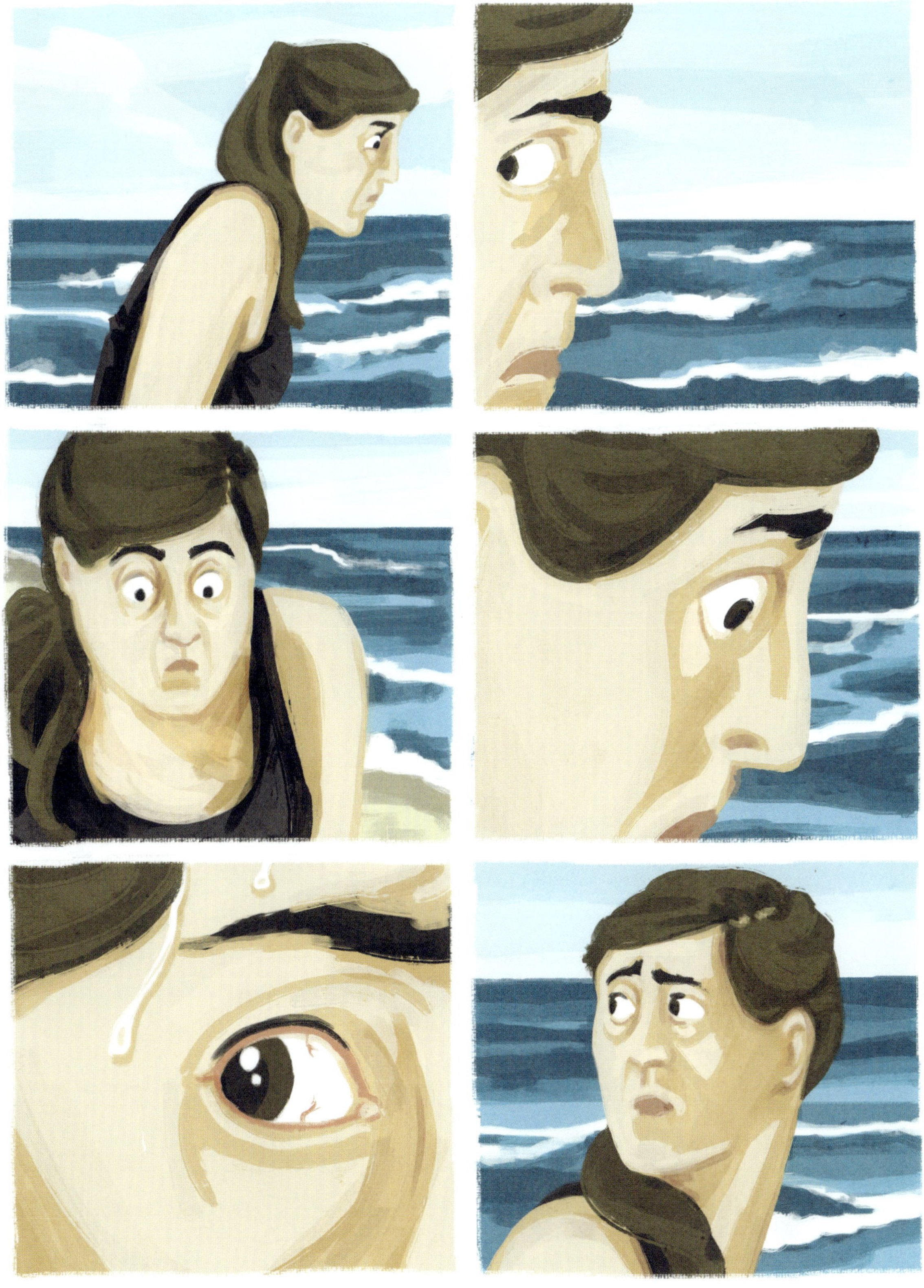

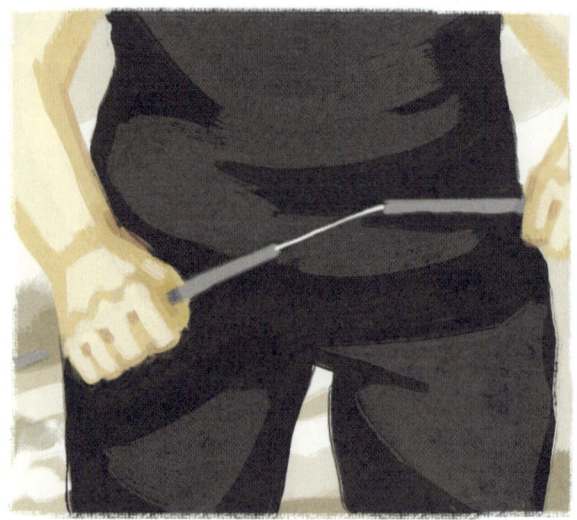

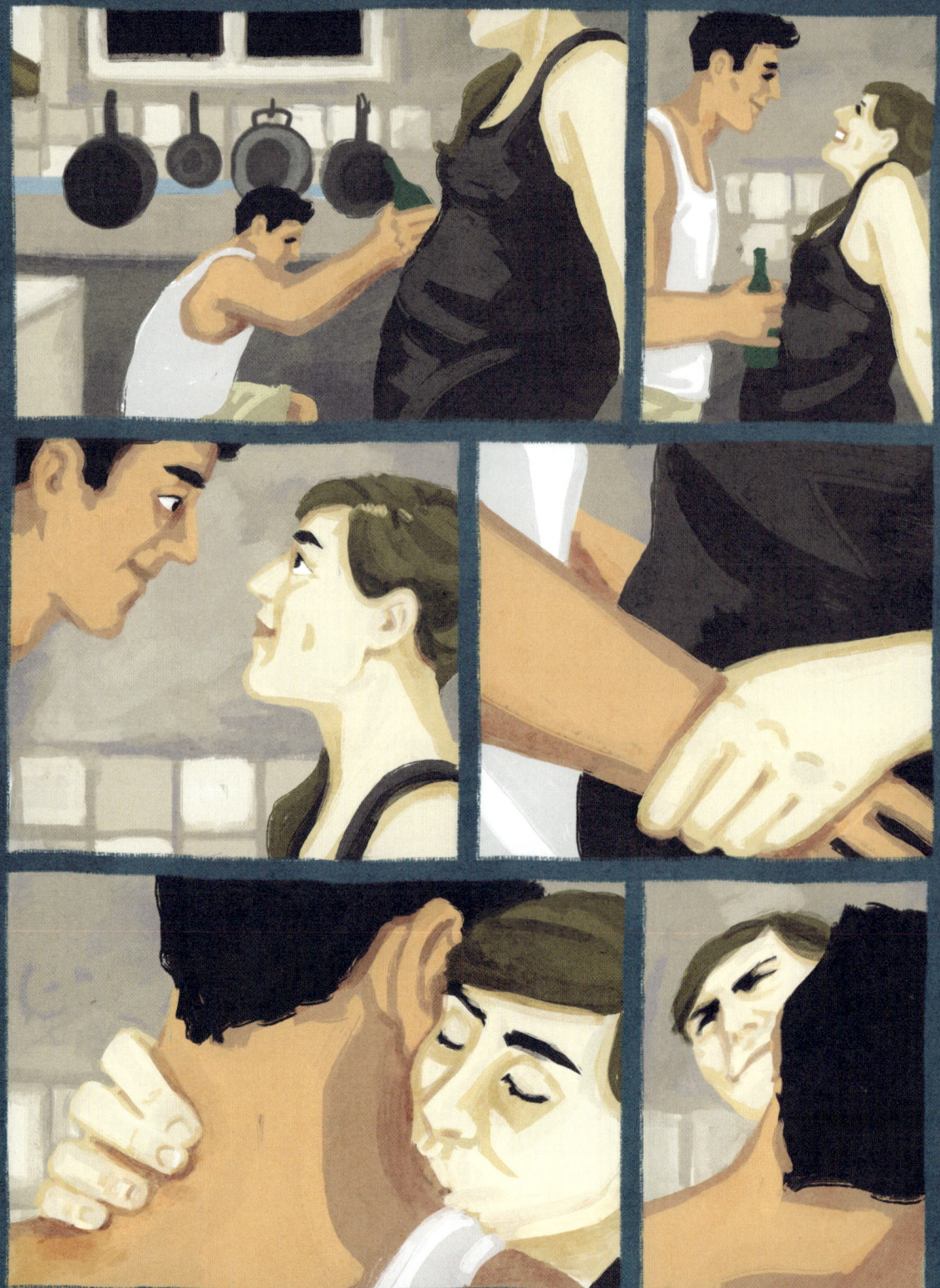

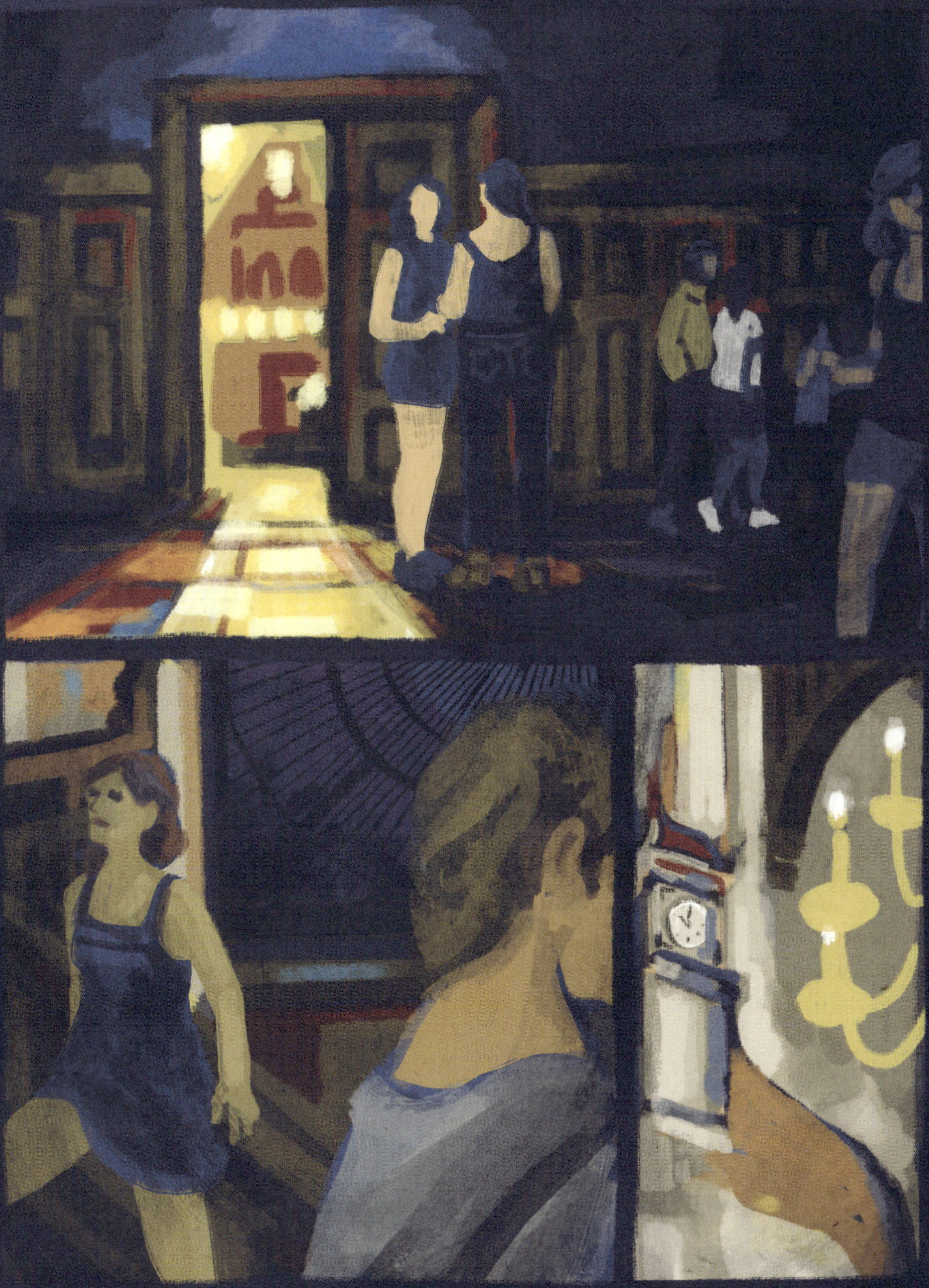

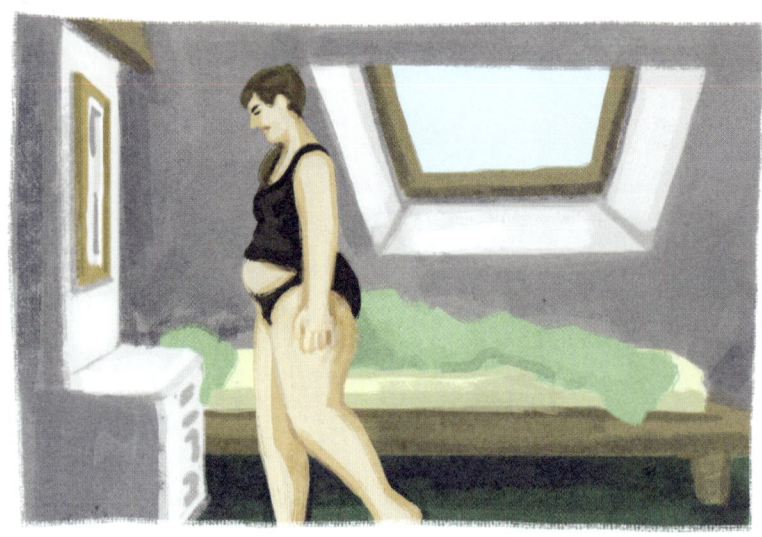

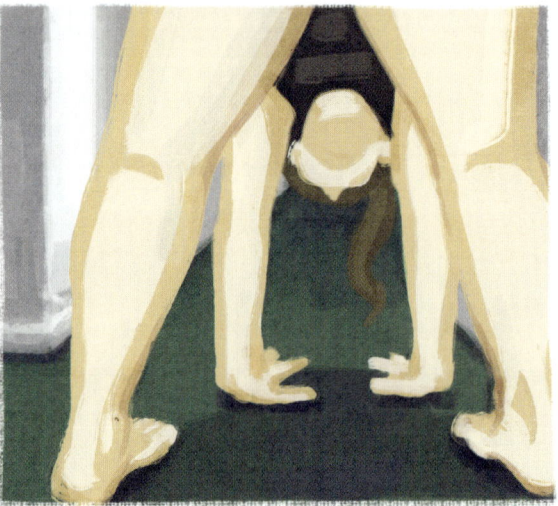

ICH WILL NICHT SO AUSSEHEN.

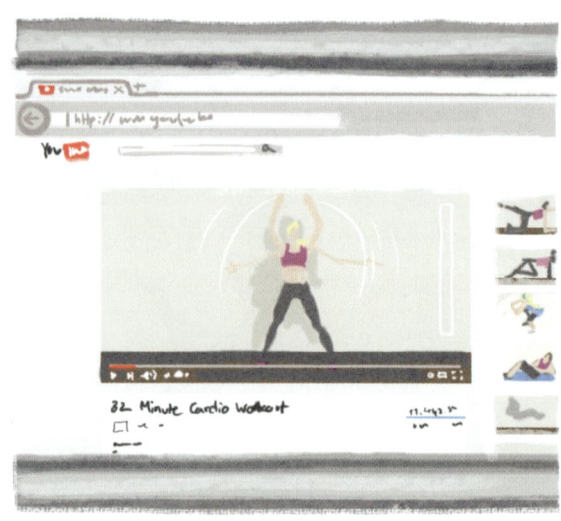

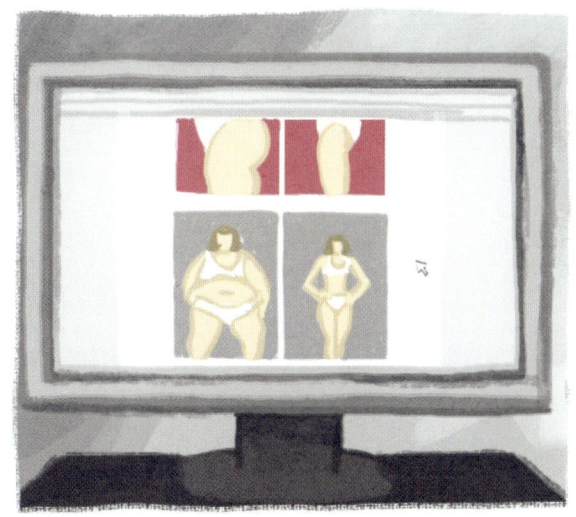

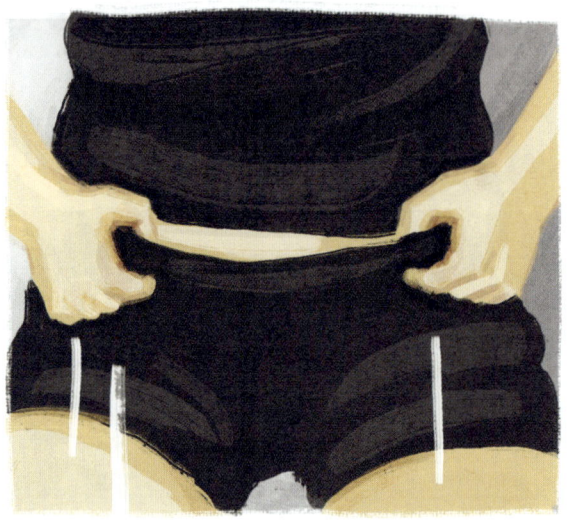

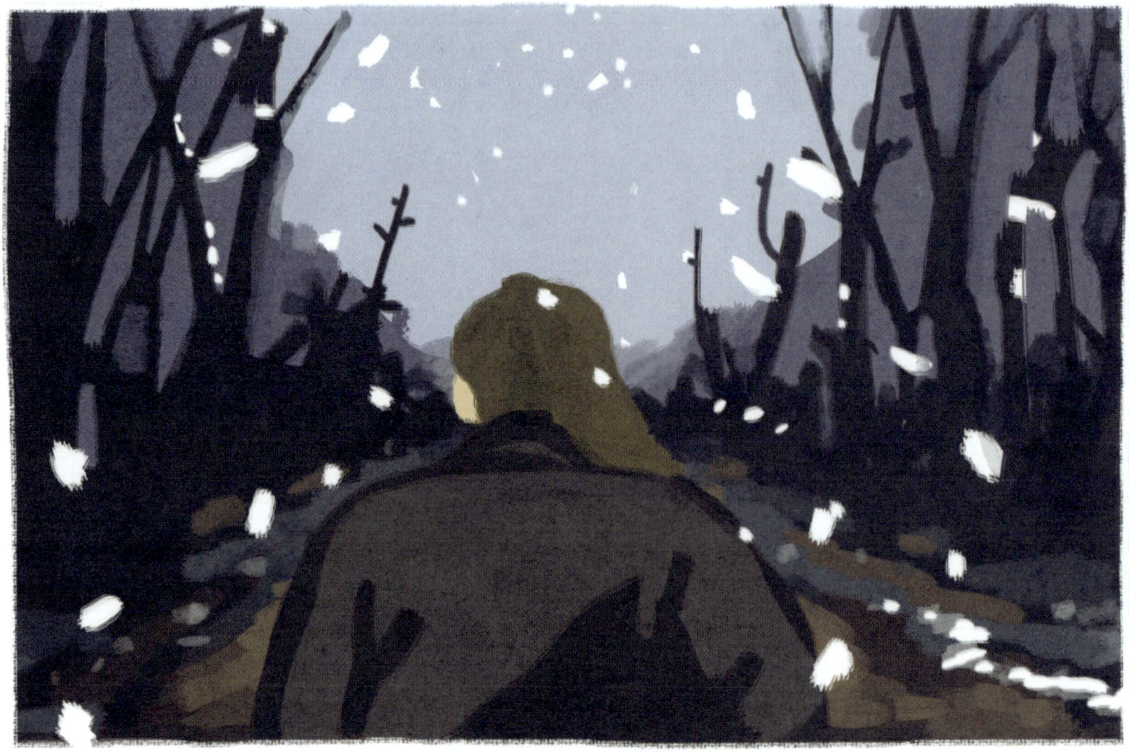

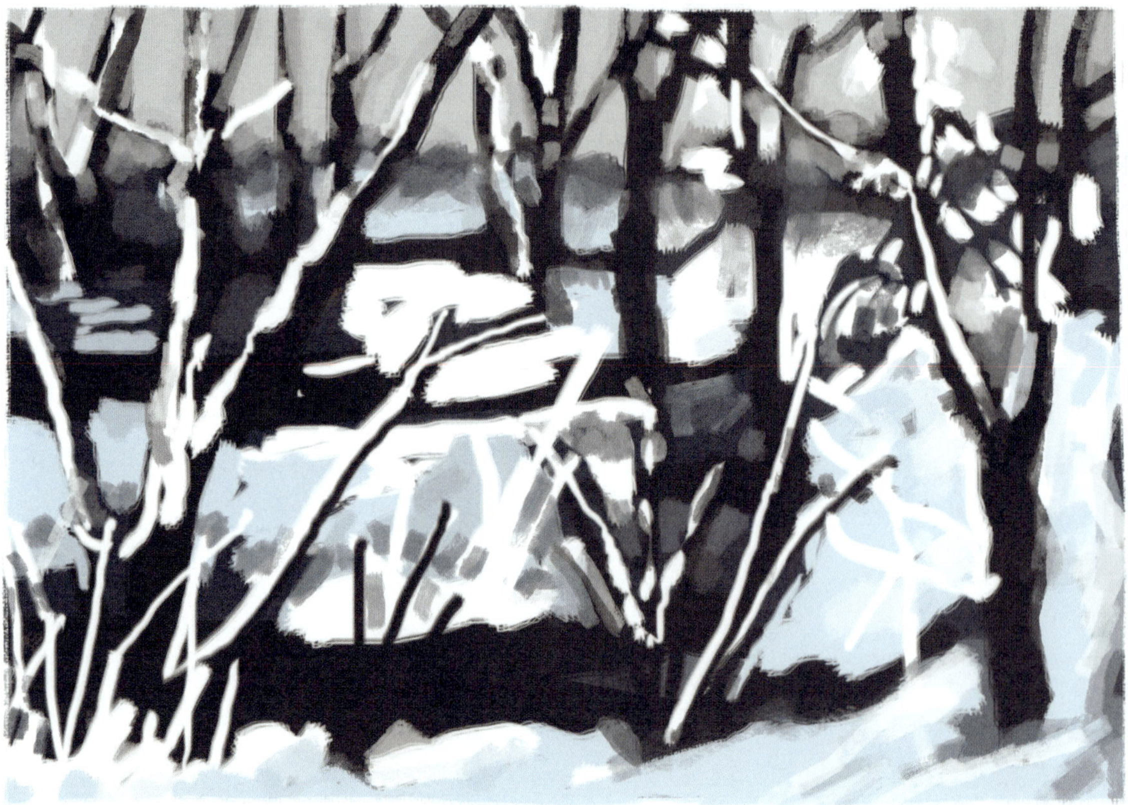

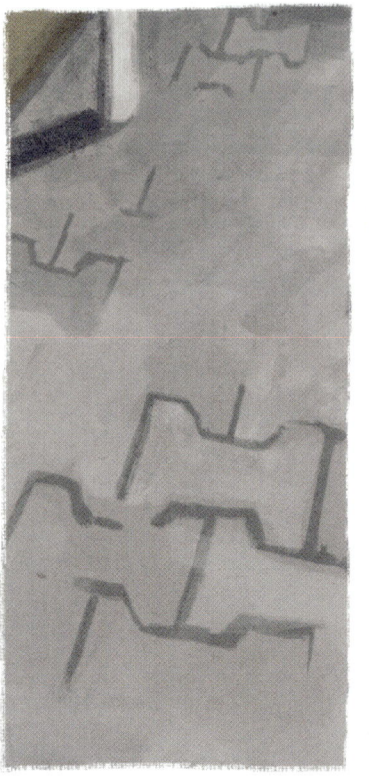

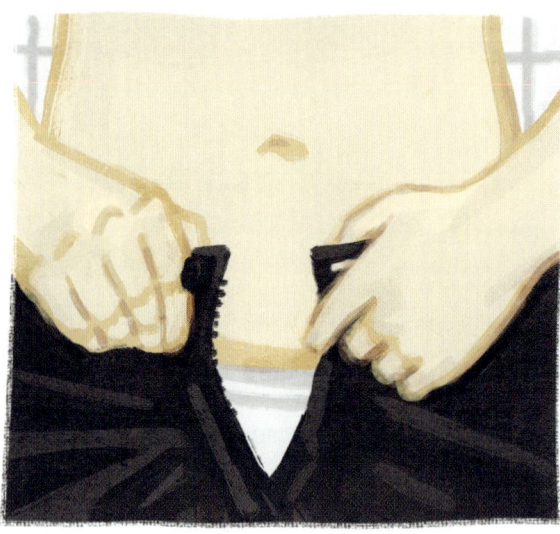

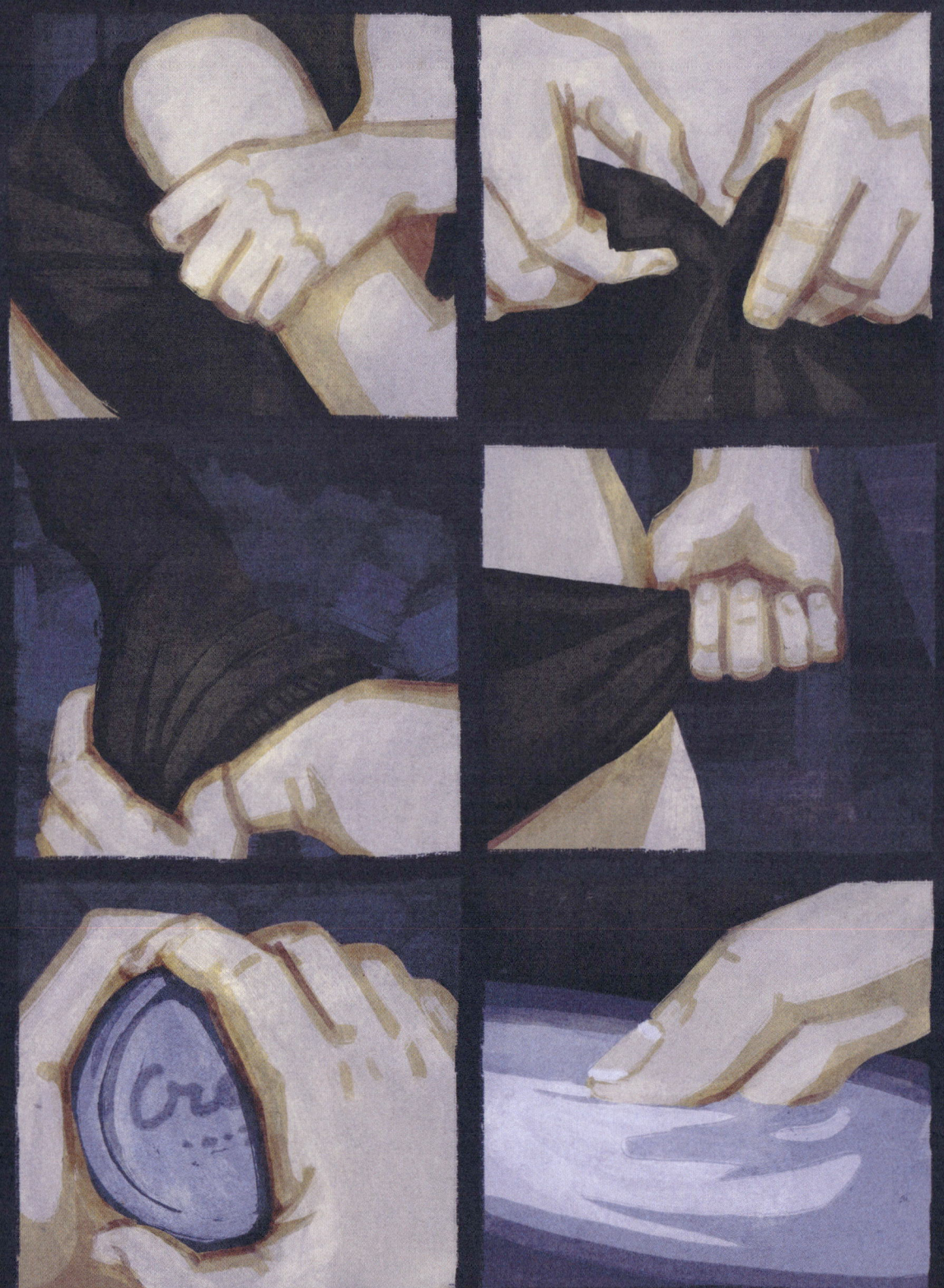

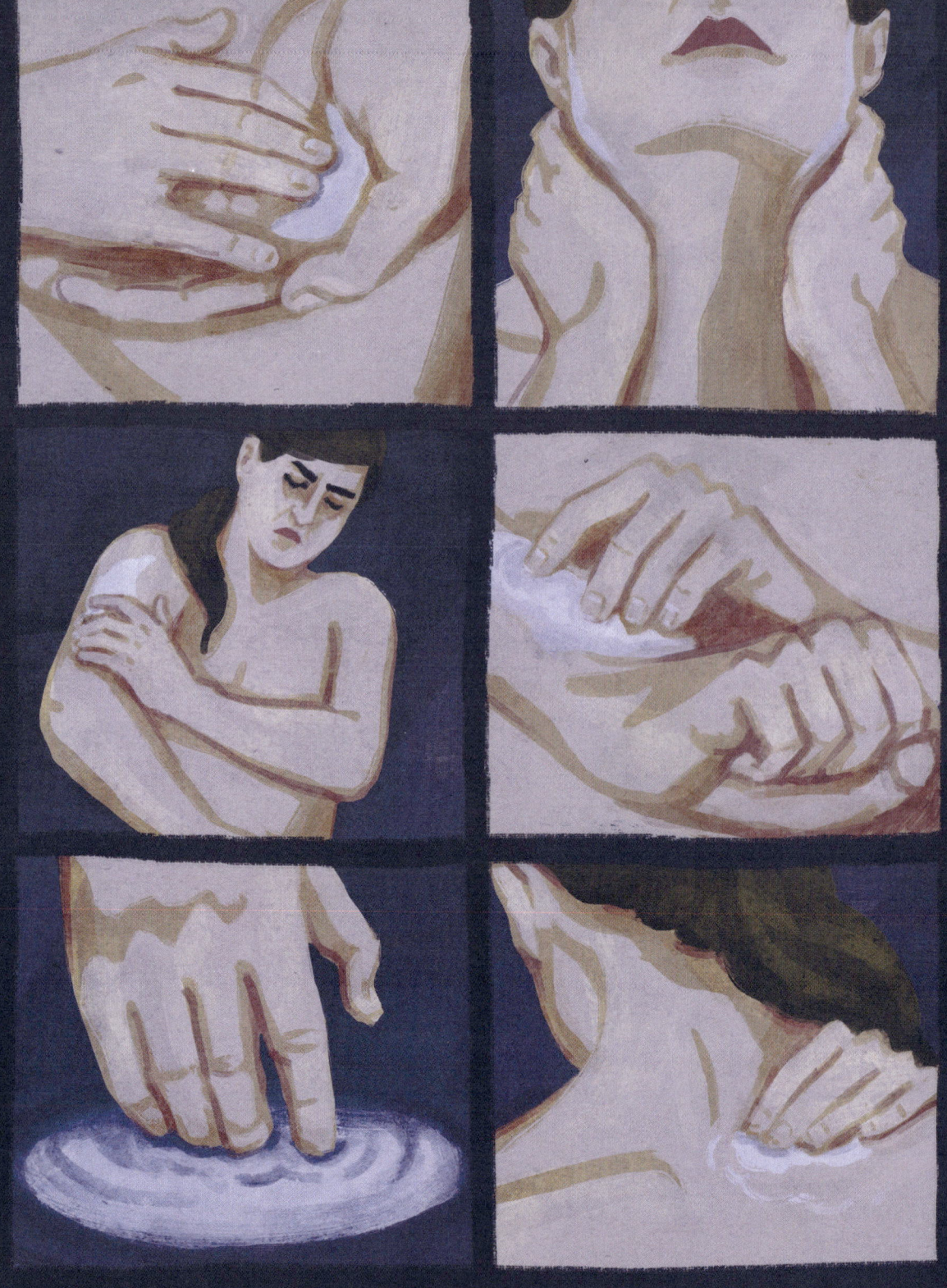

♥ NADIA D'ALÓ, MARCOS DUEÑAS P., ADRIAN DURRANI, TORSTEN GAITZSCH, LENA HENSEL, CARLO HOFFMANN, BEATA KEIDL, THOMAS KEIDL, VICTOR KEIDL, ANNETTE KÖHN, PHILIP KOSLOWSKI, TESSA KUMMER, FABIAN LEHR, SEBASTIAN LELUSCHKO, STEFANIE SARGNAGEL, ANATOL SCHUSTER, MATTHIAS SPECK, MAX STIVALA, TOMASZ STULIN, NAAMAN WAKIM, IGA ZWIERZAŃSKA

© PAULINA STULIN

HERAUSGEBER:
JAJA VERLAG
TELLSTR. 2
12045 BERLIN
JAJAVERLAG.COM

DRUCK & HERSTELLUNG: JELGAVAS TIPOGRAFIJA, LETTLAND

4. AUFLAGE
BERLIN, APRIL 2021

ISBN 978-3-948904-00-5